気学 千夜一夜

伊藤聖優
Ito Seiyu

風詠社

目次

はじめに

私達は、平穏な日々を送る中で突然の天災に遭遇したり、思ってもみない人災に悩まされ心を痛めたり様々なことがあります。しかし、どんなにひどく打ちのめされても、春になれば桜が咲き、新緑のキラキラした輝き、目を見張る紅葉、真っ白な冬景色を見ることができます。地球や人々にどんなことが起ころうと、自然はただ自然の摂理に従って淡々とおのれのことを繰り返しています。その「変わらないもの」を確認した私は安堵し、自然の持つ厳しさと、優しさに畏敬と感謝を持ちながら穏やかに日々を過ごしています。

気学は「気」の意味を深く探り、その「気」の流れを読み解く学問だと考えています。その読み解いたものを生活に取り入れ活用します。それは、一度きりの人生をより幸せに、また、厚みのあるものにしてくれます。気学は、果てしなく広がる大海を進む小舟を、安全な場所に導いてくれる羅針盤と言えるでしょう。

今回、この本を通して、気学の奥深さ、自然との深い関係などをお伝えしたいと思いましたが筆が追いつきません。しかし、まだお会いしたことのない方々に、この本をお読み頂き「気学はなんだか面白そう」と思って頂けたら幸いです。その都度感じたこと、想ったことを「気学 千夜一夜」と題して、おとぎ話のような気持ちでお伝えしようと思いました。また、私自身のことも書かせていただきました。読者の皆様、どうかご寛容にお願い申し上げます。

気学は、易を根源とする学問ですが、皆様の生活を楽しくする為の教養講座でもあります。また、その理論を活かした確かな鑑定法を持っています。主宰している「気学のつどい」(凪の会)は、気学の基礎的な知識を学んでいただくと同時に、参加者皆様のお声を聞かせて頂いています。どうぞいつかお出かけください。

この本を通じて、多くの皆様にお会いできることを心待ちにしながらのご挨拶とさせていただきます。

伊藤聖優雨

装幀　2DAY
本文挿画　佐藤ユリ

第一章　四季の風

(一)

華やぎの春

七十二候《しちじゅうにこう》

二十四節気《にじゅうしせっき》をご存知ですか？　一年を二十四等分して季節を表すものが二十四節気です。月毎に節入りと中気という二つの節があり、それぞれの節の中をさらに五日ずつに初候《しょこう》、次候《じこう》、末候《まっこう》という三つの候に分け、ひと月の中での微妙な気の動きを伝えています。それは気象や動植物の変化、季節の移ろいをより細やかに私達に教えてくれます。それが七十二候です。例えば二月の立春節の中の初候は「東風凍を解く（とうふうこおりをとく）」、暖かい春風が吹いて川などの氷が解け出す。次候は「黄鶯睍睆く（うぐいすなく）」、春の来たことを告げる鶯が美しい鳴き声を響かせる。末候「魚氷に上る（うおこおりにあがる）」、暖かくなり、湖の氷が割れ、割れ目から魚が跳ね上がる。このように二十四節気、それぞれに三つの候がありますから、合計七十二候となります。古人はこのように季節感を大切に、自然と密着して生活していたことが窺われます。しかも、雨水節の三候「土脈《どみゃく》潤い起こる」早春の暖かな雨が降り注ぎ、大地がうるおい目覚める。「霞始めて靆く」春霞がたなびき、山野の情景に趣が加わる。「草木萌え動く」しだいにやわらぐ陽光の下、草木が芽吹き出す。このように、本当に美しいひと言でその季節の特徴を表現している見事さ、ああ、妬ましい。

※七十二候は巻末の付録をご覧ください。

春来たる

春の兆しがさす立春の頃になると「初」や「一番」が付く言葉があちこち飛び交います。旧暦の二十四節気では立春から新年が始まりました。人々は春を迎えた喜びと共に、日々暖かになる陽気の中に新たな活動の始まりを思い、大きく胸を躍らせます。立春を過ぎて最初に吹く南寄りの強い風は「春一番」、また「初午」は立春を過ぎて最初の「午」の日です。この日は古くからお稲荷さんにお詣りする習わしがあり、地域によっては、この日に花火を上げ初午の日を知らせることもありましたが、最近は花火がうるさいということで止めている地域もあります。十二支の午は五行では火氣。初午が早い年は火事が多いという俗説があったり、またこの日に消防団員が火の用心を呼びかけ、各家にお札を配る地方もあり、火にまつわる催事がみられるのも興味深いものがあります。午の方位は南、時間は十一時から十三時で太陽の光がさんさんと照る陽気盛んなことを意味しています。また、馬は古くから農耕で役に立つ動物で、神様にも寵愛される動物であると考え、午の日は神聖な日であると考えるようになったようです。そんな神聖な日ですから、よりご利益があると考えたのではないでしょうか。

♪「春は名のみの風の寒さや……」

二月初め、立春の頃、固いつぼみが少しずつ膨らんでいくように、人々の気持ちも春めいて和らぎます。そんな気分になる素敵な言葉「立春」。でも、その春という言葉にだまされ、「春が来た」と思ってしまうのですが、実際は、春はまだ遠いと思わせる風の冷たさです。立春は十二月の冬至から数えて四十五日目頃。冬至は太陽光が低い角度で地表に届く事と短い日照時間により、弱い光と熱の中にあります。その薄日の陽気がちょうど立春の頃に私達の住む地球に届くことになります。その為、立春の頃はとても寒いのです。でも立春を寒さの頂点にして、以後は日増しに暖かさが増して行き「春遠からじ」となるのです。とこ ろで立春の前日は節分。私は、節分の日の夕飯は毎年、いわしの目刺しにのっぺい汁と決めています。ある時、柊《ひいらぎ》の木がある場所を散歩の時に見つけ、節分の夜に一枝頂き、目刺しに刺して戸口に置こうと、人様のもので勝手に心づもりをしていたのですが、いざという時にその場所がどこだったのか思い出せず、残念ながらその時は竹串を使いました。柊は六、七十年経つと葉のチクチクが取れ、棘が消えるそうで縁起の良い木とされています。人間とどこか似ていて面白く……。

節分から立春

「節分」は季節の分かれ目のことです。季節には春夏秋冬がありますから、その季節の分かれ目、つまり立春、立夏、立秋、立冬の前日を節分といいます。しかし、一年の始めを立春としているためか、いつからか立春の前日の節分だけが取り上げられ、その日が一年の境目として周知されるようになりました。さて、節分に登場する「鬼」は「人に災いをもたらす、目に見えない隠れたもの」であり「隠《おぬ》」と呼ばれていたのです。中国では、正者の「陽」に対して死者を「陰」として、死者の霊を鬼と言いました。日本では死者を穢《けが》れと恐れの両面から見る考え方がありましたが、いつの間にか恐れだけが優先し「陰」とは冬の寒気であり、疫病であり、貧しさであり、平穏を乱す全てのものを指し、そのシンボルが鬼ということになって行きました。「鬼門」という言葉が出てきた経緯は、別の機会に譲りますが、皆様よくご存じのように慎重に扱うべき方位です。歴史的に有名な鬼門除けは、桓武天皇の平安時代、京都に都を移した折に、京都御所の北東にあたる比叡山に延暦寺を建てて、京の都の平穏を祈っております。

こころ

二月、如月《きさらぎ》を迎え、草々に節分。そして翌日には立春。暦の上では確かに春が訪れていますが、体感的にはなんて寒いのでしょう。その理由は、冬至の頃の日照時間の短さの影響が、四十五日を経た立春の頃に表れているからです。さて、寒い中でのお料理のおもてなしの一つに「熱々の料理は器をあたためて」があるそうです。おもてなしを受ける人に、料理をしてくれる人の心が伝わり、感謝の気持ちでより美味しく頂けるように思います。「こころ」といえば、私はそのことをしきりに考えるようになりました。私達に、今いちばん大切で、また、求められているのは心ではないかと考えます。心とは人間の理性・知識・感情・意志などの働きのもとになるものと辞書にありますが、それにしても、近頃心を病んでいる人の多いことに私の心も痛みます。悲惨な事件が報じられると、被害者に対しての同情は勿論ですが、加害者のそこに至った事情を考えると誠に不謹慎ですが、そちらにも同情の念を抱いてしまうことがあります。私達一人一人が、同情心、優しい心根、感動に心を震わせる、果ては勇ましい義侠心なるものを取り戻して行くことができた、その時に、私達は本当の「安心・安穏」を手にし、こころ安らかな日々を送ることが出来るのではないでしょうか。

卯三月

この月の中には、啓蟄節《けいちつせつ》（節入り）と春分節（中気）の二つの節があります。啓蟄節は冬ごもりしていた虫達が暖気に誘われ、草木の芽吹きと共にゴソゴソと暗い穴から這い出して来る頃とされます。二十日前後からは昼夜の長さがほぼ同じ春分節。さあ、いよいよ春の始まりです！　陽春の候で木の芽がグングン成長します。後天定位盤では三月にあたる東三十度に三碧木星が位置します。まさに萌えいずる春を象徴するような若々しいエネルギーに溢れた星です。三碧木星の「碧」の文字が表すように、まだあおい（人間なら青二才）、季節でいえば春です。老若男女こぞって、思いっきり弾ける震宮です。

暦・天地明察

暦についてお話しいたします。二〇一二年に人気グループV6の一員、岡田准一さん主演で映画化もされた『天地明察』（冲方丁著）という本があります。幕府碁所の安井家に生まれた主人公、渋川春海《しぶかわはるみ》（安井算哲）は、大名相手に碁を打つ公務の傍ら、和算（日本算数）

に深い関心を持ちました。その思考力、高い計算力により天文学、暦学にも後々大きな功績を残すことになります。日本は元々中国で作られた暦をそのまま採用していましたが、中でも八六一年に採りいれた太陰太陽暦である「宣明暦《せんみょうれき》」は陰陽寮の管理下、長く使われておりました。しかし江戸時代になると、実際の天体の動きとの誤差が大きくなり、不都合が生じるようになり、そこで調査チームに呼ばれたのが春海です。実際に歩き、その計算力で日食、月食のズレなどを解き明かし、修正した新暦を作り、紆余曲折を経て採用されたのが、一六八五年から実施された「貞享暦《じょうきょうれき》」です。暦学の土御門家もからみ、政治的な思惑も背景にありながら日本で誕生した暦です。いまではあまりにも身近な暦が、権力者の力を示す重要なツールであったとは驚きです。

桃の花はじめて笑う

三月三日のひなまつりには雛人形や桃の花を飾って女の子の成長と幸せを祈ります。昔人は「桃の花はじめて笑う（咲く）」などと遊び心で言ったりしました。上巳《じょうし》の節句、また、桃の節句とも言いますが、上巳とは、旧暦三月の最初の巳の日です。旧暦で三月は辰月、辰と縁が深い巳の日を忌日として、災厄からまぬがれ、また穢れを除くための祓えをこの日に行いました。桃の節句といわれるのは、桃の花が華やかに咲く頃で、桃色の美しさを愛でる意味の他に、桃には古くから邪気を払い百鬼を制すという魔除けの信仰があったのです。古事記には、イザナミノミコトが黄泉の国へ旅立ってしまった。恋しくて夫のイザナギノミコトは迎えに行った。しかし、あまりに恐ろしい光景を見て逃げ帰る際、桃の実を三個取って投げつけると、追ってきた黄泉醜女《よもつしこめ》達はあきらめさくさく戻ったとあります。桃は春早くに花を開き多くの実を結ぶ多産な木です。聖なる多産な桃が凶を払い、魔を防ぐので、お雛祭りの段飾りには桃の花は必須アイテムです。そんな「桃」に思いを馳せながら、改めてサトウハチロー作詞の「うれしいひなまつり」を聞いてみましょう。

お彼岸

日本における彼岸の法要は、八〇六年に桓武天皇が弟の早良親王の祟りをおそれ、親王の霊を鎮める為に京都、御霊神社で最初の彼岸会を行ったのが始まりです。このようないきさつで平安時代に始まった彼岸ですが、最初は、十一日間でした。天保暦（一八四三年）になり、彼岸は春分・秋分の日を中日とした前後三日間、計七日間をいうようになりました。また、明治時代に太陰暦から太陽暦に改暦された際にも七日間の形が受け継がれています。では、なぜ彼岸は七日間なのでしょう。インドの古語サンスクリットにパーラミター（波羅蜜多）という言葉がありますが、意味は「完全、悟り」です。この悟りの境地に至るには六つの徳目を修行しなければなりません。その為に彼岸の中日を挟んで徳目を一日に一つずつ修行し実践し、涅槃の境地に達する為の七日間なのです。布施、持戒、忍辱、精進、禅定、智慧が六つの徳目で、布施は親切、惜しみなく施すこと。持戒は慎み、約束を守ること。忍辱は迫害に耐え忍ぶこと。精進はひたすら仏道修行に励むこと。禅定は心を静めて集中して真理を悟ること。智慧は道理を正しく判断し悟りを開く働き。心してお彼岸をお過ごしください。

啓蟄節《けいちつせつ》・春分節《しゅんぶんせつ》

啓蟄、この時期になると、春の陽気に誘われて、土の中で寒さをしのいでいた虫達も、いよいよ活動開始です。春を心待ちにしていた、命ある、あらゆる物が目覚め、春を讃え、世界が華やかな風景に彩られます。それと共に私達の気持ちも華やぎます。また、二十四節気の中でも大きな節目となる春分の頃には、春を告げるといわれる春雷に驚かされたりします。特に初めて鳴る春雷を初雷《はつらい》または、冬ごもりの虫を起こす虫出しの雷などと呼んだりします。雷が多い春から夏は稲が育っていく時期。昔の人は、雷の光が稲を実らせると考えたようです。やはり雷のエネルギーは凄いですね。この季節、野山には私の大好きな野すみれが見られます。

土用について

吉田兼好は「春暮れて後夏になり、夏果てて秋の来るにはあらず」と徒然草の中で書いていますが、晩春にはすでに初夏の兆しがあり、夏の終わりにはいつのまにか秋風が立ちます。立春、立夏、立秋、立冬の前には、必ず土用が介在して季節を変えておりますが、その土用の作用は五黄土星の働きで、無限に続く気の進展を抑えると同時に、次の季節の気を生み出します。ですから、四月の「辰の土用」には、晩春の気と初夏の気が入り混じり、やがて入れ替わります。土用は季節の移り変わりの目安を表す彼岸、節分、入梅等と共に「雑節」です。しかし、世間一般で言われる土用は夏の土用だけではないでしょうか。古くから農村では夏の土用の入りから三日目を「土用三郎」と呼び、この日の天候でその年の豊凶を占いました。漁村でも夏の土用頃に起こる土用波を恐れるなど、人々は土用というものを特別なものと捉えていたということが分かります。熱田神宮の「土用殿」にはご神体の草薙の剣が一八九三（明治二十六）年の大改修までは奉安されていたそうです。名称から土用の災厄を神剣によって祓い除くという意なのか興味深く思います。

清明な気

生命の躍動を感じる四月、木々の葉も初々しさに溢れツヤツヤと輝いています。美味しい食べ物も次々に出てきます。初がつお、山菜の「たらの芽」の天ぷら、季節感と共にいただくおいしさは格別です。それから、富山湾の「ほたるいか」。この季節産卵の為、岸に近づきますが、月の見えない暗い新月の夜、海面の高さが分からず波によって海岸に打ち上げられることを身投げと呼び、青白い光を放つ、その美しい光景は富山の春の風物詩になっているそうです。また、春の雨上がり、空に初めて「虹」がかかります。虹は空の水滴が反射してできるものですが、霧の中にかかる白い虹を白虹《しろにじ》、月明かりに浮かぶ虹を月虹《つきにじ》と呼んだりします。虹と云えば、ある年、会の行事で館山の鶴谷八幡宮へ向かう折、休憩した海ほたるでも海に浮かぶ大きな虹を見て感激しました。ウィリアム・ワーズワースの詩の中に、虹をみて子供の時のように心が躍らなくなったら自分に失望するというような一節がありますが、なぜか虹をみると、人は無邪気な子供のような気持ちになる気がします。高校時代の英語の授業で、この詩や、エドガー・アラン・ポーの「アナベル・リー」をきれいな発音で読んでくれた若い英語教師をよく思い出します。学生時代、スピーチコンテストで皇后杯を獲得した先生は誇りでした。すべてのものが清らかで生々と澄みきった意味を持つ二十四節気の一つ「清明節」からの思いでした。

南よりつばめ来て、北へ雁帰る

甘茶の花祭り、茶摘みの八十八夜、花が咲き、鳥は歌い、南の国からつばめもやって来ました。四月、五月は、まさに生命が輝く気持ちの良い季節です。気学においても、この季節にあたるのは後天定位盤の巽宮《そんぐう》（東南）で、四月（辰月）、五月（巳月）の二ヶ月が配されています。巽宮は、盛運三期目、物事が不思議なくらい、良い方へ、良い方へと進み調うとされています。例えば、縁談や、商談、交渉事等が思うようにまとまりやすく、また、目標を立てて頑張って勉強してきた資格の取得や、職場での昇進が叶ったりする、まさにひかり輝く運気の安定した時です。九年に一度は、誰でも巽宮に巡ってきますから、この好機を無為に過ごすことなく、ぜひとも花を咲かせていただきたいと思います。その為には、何年か前から計画的に進めなければなりませんが、それは後天定位盤を基にして計画を立てることができます。今年はどう動いたら良いのか、何に気を付けなければならないのか、気学が的確に教えてくれるのです。

清明節《せいめいせつ》・穀雨節《こくうせつ》

四月はあふれるように花が咲き、生命が生き生きと躍動する時です。五日に一度風が吹き、十日に一度雨が降る、五風十雨《ごふうじゅうう》の例えがありますが、本当に気持ちの良い陽気です。毎年の事ですが、桜前線情報から「春はどこまで行きましたか?」と画面に映し出される見事な「さくら」を見ながら思います。桜の花が散り、葉桜に変わると、そろそろ季節の変わり目です。立春から数えて八十八日目の夜は八十八夜。もうすぐ初夏を迎えます。まさに「夏も近づく八十八夜……♪」と歌われている通りです。また、米という字は八と十と八を重ねてできていることから、八十八夜は縁起のいい農の吉日とされ、農作業の目安とされてきました。種籾を蒔いたり、お茶を摘んだりする時期です。とはいえ、五月の初めに思いがけず冷え込む夜があります。霜が降ったら農作物が台無しです。くれぐれも油断はしないようにと「八十八夜の忘れ霜」といわれています。

この清明節の候、春から初夏へと季節が移って行く気持ちの良い時期に、会主催の御神砂とりで栃木県の那須《なす》温泉神社《ゆぜんじんじゃ》様にお世話になったことを思い出します。当神社の境内には水琴窟があり、のどかな風景です。また、神社のすぐ近くに殺生石があります。ここは悪行を重ねた九尾の狐（玉藻前）が陰陽師に見破られ逃げ込んだとされるあたりです。美しい女性に化けて権力者をたぶらかし悪行を重ね、最後には退治された狐です。その狐は大きな石となり、毒ガスを放ち、その怨念で近づく者を殺し続けたというお話です。ところで、中気の穀雨節、春の雨は穀物にとって恵みの雨。先にも書きましたが、五風十雨、五日に一度風が吹き、十日に一度雨が降るというように順調な天気のことですが、世の中が平穏無事という意味もあります。清明節、穀雨節は物事が「穏やかに調う、縁談が調う」等の象意のある巽方に位置しています。

春

春は三寒四温を繰り返しながら、しだいに暖かくなってまいります。木々の芽吹きに命の躍動を感じ、今年も咲いてくれた道ばたの花々が可愛らしく健気でたまりません。木に咲く鮮やかな椿の花も三月が見頃。私事ですが、バブルが崩壊した平成三年の春三月に現在の家に越してきました。雨がしきりに降る中、庭に大輪の椿が鮮やかに咲いていたのが印象的でした。椿といえば東大寺の「修二会《しゅにえ》」（お水取り）にも椿の花が登場します。およそ千三百年前、天災や疫病や反乱は国家の病と考え、その病気を取り除いて、鎮護国家、天下泰安、五穀豊穣、人々の幸福を願い始まった宗教行事が修二会です。その法要の中で紅白の花弁の椿が儀式に供えられるのです。その花を、修二会の為選ばれて行に籠る十一名の練行衆が作成に当たりますが、厳しい修行期間のなかの二月二十三日が試別火《ころべっか》という花拵えの日にあてられています。練行衆と堂童子と呼ばれるお手伝いの人達とが円座になって作業します。枝は本物で、赤い花びらはベニバナ、おしべはクチナシで、すべて草木染めの和紙で出来ています。椿には「清め」の意味があります。練行衆は、自分自身の更なる浄化を願いながら作るのではないでしょうか。

天道

「天道」という言葉になじみのない方もいらっしゃるでしょう。月の大吉方を言います。何をするにも良い方位です。その「天道」の方位を決める基礎になっているのは三合です。例えば、令和三年四月の天道方位は北で、その対冲にあたる南は生気方位です。では、どうして北方天道が決まるのでしょうか。まず、四月は辰月、辰の含まれる三合は申・子・辰の三つの十二支です。「氣學明鑒」（聖法氣學會編）九頁を見ると次の説明が書いてあります。『（水局三合）子の水は旺にして申の金に生じ辰の土に墓す』。説明のように水の気は、金気の中の位置で起こり（生）、水気の中心である子の位置で活発に活動し（旺）、辰の位置で土用の土エネルギーにより結実し収蔵されます（墓）。決して消滅ではないことが分かります。つまり「水気」の生と墓は旺の「子」を焦点として「生（生まれる）」と「墓（結実・終結する）」が成り立っていることになります。繰り返しますが申の八月に生まれた水気は、子（北）の方位で集約、まとめられ、四月の辰の方位で終《しま》われます。よって辰の四月と申の八月の気エネルギーの中心（天道）は、子の方位、北ということになります。同様の手順で前述した氣學明鑒九頁の三合五行の図を頼りに一、二、五、七、八、十、十一月の木気・火気・金気の天道方位を探してみてください。四隅が天道生気である他の月は、また別の機会にお話しします。

（注）『氣學明鑒』　聖法氣學會編

三合五行の図

水局三合
子の水は旺にして申の金に生じ辰の土に墓す

木局三合
卯の木は旺にして亥の水に生じ未の土に墓す

火局三合
午の火は旺にして寅の木に生じ戌の土に墓す

金局三合
酉の金は旺にして巳の火に生じ丑の土に墓す

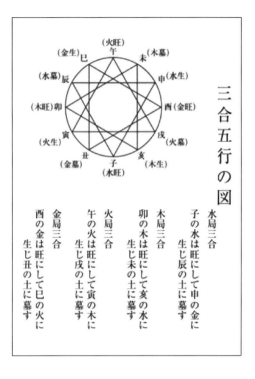

演《のぶる》

月と十二支の組み合わせは決まっています。例えば二月は必ず「寅」です。子、丑、寅……の順ですから、まず最初の「子」は十二月で次の丑は一月、そして二月は寅になります。十二支は動物ではなく、実は植物の生成化育の様子を表しています。例えば、子は「孳《し》」の上部を取ったもので草木が土中で水分を吸い、潤い、種ができ、子を孕み繁殖する、を意味し新たな始まりの場所です。丑は「紐」の糸偏を取ったもので本来は結んで解けないことを意味し、芽生えた種から生えた根が紐をくねらせたように絡まり合っている様子を表しています。二月の「寅」は「演」のさんずいを取ったものです。冷たい土中で種から根が出て、地下でくぐもっていた草木の芽が春の暖気に誘われて、いよいよ地上に顔を出し存在を示し、伸びて広がって行く様を表す、というように十二支全てに謂れがあります。ただ、音読みはあまり馴染みが無いと思いますので訓読みと共にこの機会にご紹介しておきます。

訓読み	十二支	音読み
ね	子	シ
うし	丑	チュウ
とら	寅	イン
う	卯	ボウ
たつ	辰	シン
み	巳	シ
うま	午	ゴ
ひつじ	未	ビ
さる	申	シン
とり	酉	ユウ
いぬ	戌	ジュツ
い	亥	ガイ

胡蝶の夢

春の兆しの中を歩く三月。厳しい寒さの小寒、大寒の頃に見上げた桜の枝には越冬芽のかたい蕾が付いており、これから厳しい寒さに耐えて行く桜にエールを送りたくなりました。それから二ヶ月、暖かさを思わす啓蟄と春分という二十四節気の中、花の季節を迎えようとしています。松尾芭蕉が詠んだ「山路来て何やらゆかしすみれ草」その紫の小さな花、すみれも野に咲き出します。また、土の中からは陽気に誘われ虫達が這い出し「菜虫蝶《なむしちょう》と化《か》す」冬越えしたさなぎも羽化し、蝶に生まれ変わります。かつては蝶のことを夢虫、夢見鳥と呼んでいたそうですが、その由来となったのは中国の荘子の説話「胡蝶の夢」です。蝶になる夢を見たけれど、本当の私は蝶で、実は人間になっている夢を見ているのではないかという幻想的な内容です。かくして三寒四温を繰り返す内に暑さ寒さも彼岸迄の春分を迎えます。気学で三月は東・震宮にあたります。季節は仲春、代表的な象意は雷ですが、松田統聖著『九星の秘密』からの引用となりますが、春雷と呼んで万物を生き生きと成長させる天の偉大なエネルギーとし本格的な春の到来としています。付け足しですが、戦後っ子の私達に懐かしい「巨人・大鵬・卵焼き」のフレーズの中の大横綱、大鵬の名は同じく荘子の説話の中の言葉から取られた名前です。

早春賦

「早春賦」は日本の代表的な唱歌です。やや耳馴れない、文語体の美しい言葉で綴られた歌詞の美しさ、作詞した明治生まれの吉丸一昌《よしまるかずまさ》は長野県安曇野の早春の風景を生き生きと目に浮かぶように書いています。「春は名のみの風の寒さや」から始まり、二番の「氷解け去り葦は角ぐむ、さては時ぞと思うあやにく」春の訪れを感じているけれど、春まだ浅く、寒さがそこここに残っている様子が伝わってきます。しかし、子供の頃の私には「葦は角ぐむ」の意味が分かりません。葦の若芽は春の川辺で、まるで牙のように伸びるものだということなどまったく知らなかったのですから。ちなみに、葦の若芽を葦牙《あしかび》といい、水温む春を表す季語だそうです。此の時期は二十四節気の「穀雨」の初候「葭《あし》始めて生ず」水辺の葦が芽を吹き始める頃とされています。穀雨は作物にとって恵みの雨の為、瑞雨《ずいう》、甘雨《かんう》、春霖《しゅんりん》などそれぞれ当を得た名前がついております。転じて、雨繋がりですが「驟雨」という新劇を粋がって観に行ったもののまったく理解できなかったことを恥ずかしく思いながら、また、新しい文化の香りがするものを貪欲に追っていた碧い私を、赤面しながらもいとおしく思い返したりします。

（二）

燃える夏

斎田点定《さいでんてんてい》の儀

令和元年五月一日、新天皇がご即位されめでたく新元号「令和」となりました。ご即位後初めての新嘗祭は大嘗祭といわれ、令和元年十一月に斎行されました。その際に神々にお供えする新穀を作る神聖な田である「斎田」は、前もって定められます。私が松田統聖先生のもとで気学の勉強を続ける中で、天皇継承時の新嘗祭は大嘗祭と云う等々をノートしたことを懐かしく思いだし久々に開いてみました。なんとそれは第一回目の、更に最初のページでした。「気学の起源は易に発し、易の起源は卜占に発す」中国に殷王朝があった頃、占う道具に骨、甲羅を焼いてその「ひび」の入り具合で占った。つい最近まで日本でも行われていたが、伝統を守る皇室は現在でも卜占を行い皇位継承時の祭殿の米をどこから収穫したらよいか天意を占う……等々。小笠原から調達された青海亀の甲羅を焼き、その「亀卜《きぼく》」で天意を伺います。斎田の所有者は「大田主《おおたぬし》」と呼ばれ、全国の代表として稲の育成、収穫、献納など重要な役割を担うことになります。因みに令和元年十一月の大嘗祭に使われた米は、東は栃木県、西は京都府の農家から大田主が選ばれています。

夏の匂い、夏の気配

五月は、春のふんわり感から、シャープな空気感に変わり、新緑がまぶしい季節となります。強い生命力で、植物も成長を続け、まもなく樹木として立派な体裁を調えます。五月五日はこどもの日。法律（祝日法）で「こどもの人格を重んじ、こどもの幸福をはかるとともに、母に感謝する」と定められていますが、母に感謝する、というくだりに首をかしげる人もいるでしょう。「母の日」は、五月の第二日曜日のはずです。また、そんな法律があることなどほとんど知られておりません。ですから、何といっても五月五日はこどもの日。端午の節句の「端」は、はじめの意味がありますから、端午とは月の始めの午の日ということになります。旧暦で五月は午月。陰陽道では凶の月とされ「午《ご》」に通じる「五」の数字が重なる五月五日を忌日の頂点としていました。そして、その日には災厄から逃れ、不浄を除くための祓えを行っていましたが、しだいに「忌日」の痕跡を残さない、現在のこどもの日となりました。

五月の空

端午の節句に空を悠々と泳ぐ「鯉のぼり」は男子の出世を祈るものです。その昔、黄河の上流の竜門では、群れをなしてさかのぼってくる数知れない魚の中で、鯉だけが滝を登りきって竜になるという故事から、栄達の糸口となる関門を登竜門といい「鯉の滝登り」として、鯉は立身出世のシンボルとされていました。しかし、実際は、鯉はさほどのジャンプ力は持たず、滝登りは、ほとんど無理のようです。鯉に特別な何かを感じた古代人がこのような謂れを作り出したのでしょう。さて、鯉のぼりには「吹流し」をつけます。五色の吹流しは滝や雲を意味し、風になびきながら泳ぐ鯉の姿をいっそう美しく引き立てます。また青、赤、黄、白、黒の五色は、古代中国の五行説からきているもので木火土金水の五行を表していて、邪気を祓う霊力があると信じられています。鯉を獲って食おうとする竜は、この五色が苦手なため近づくことが出来ません。深い意味を持つ陰陽五行説が用いられていることに感心します。私達の生活を見渡すと、そこかしこに五行説からきていると思われるもので溢れていてとても興味深いです。鯉は五色の吹流しに守られて、五月の空を風に乗って悠然と泳ぎつづけます。

「破《やぶれ》」の位置

巳の五月、二十四節気は立夏・小満、緑が美しく凌ぎやすい爽やかな季節。私達は春の花々の華やぎを楽しんだ後に、今度は山菜の美味しさを味わいます。山菜ではありませんがこの季節、野山に生える「すかんぽ」をご存知ですか？「すかんぽの咲く頃」というれっきとした歌まであるのです。♪土手のすかんぽ　ジャワ更紗、昼は蛍がねんねする……。まだ豊かでない時代、田舎の子供達には格好のおやつでした。すっぱくて決して美味しいものではありませんでしたが、野に生える草を平気で口にする野性味あふれる暮らしでした。さて、文末の年盤、月盤をご覧頂きますと、令和三年十月は年盤、月盤共に六白金星が中宮です。ただ、三大凶殺の一つ「破（ハ）」の位置が違います。十月の月盤は戊の六白金星の月ですから、乾の対冲にあたる巽方に破が付き、それを月の破「月破《げっぱ》」といいます。年盤・令和三年は丑六白金星の年ですから、艮の対冲の坤方に破が付き、年の破ということで「歳《さい》破《は》」になります。他に「日破《にっぱ》」「刻破《こくは》」がありますが、御神砂とりの際には、全てを検証して御神砂を頂く年月日時を決めています。今年は令和三年、五月節に「破」は、乾方に付きますから、千葉県銚子市の猿田神社様で東京からみて東方 九紫火星生気の御神砂とりが可能です。あの長い階段を頑張って登りましょう。祭神がおおらかに迎えてくれます。

九星置閏法《きゅうせいちじゅんほう》

置閏とは閏《うるう》を設けることです。四年に一回、二月を二十九日にするのも置閏法の一つです。これが気学にもあるということです。令和三年は七月十五日に陽遁期から陰遁期へ変わります。気学では「夏至に一番近い甲子九紫火星の日」と定義しております。この法則に狂いが出ないように気学では九星の「閏」をおいています。先程話した四年毎に閏年ということは常識的なレベルで知られていますが、九星の閏はあまり知られていないようです。甲子の日は六十日に一度です。九紫火星の日は九日に一度。とすると「甲子九紫火星」という組み合

令和３年年盤
辛丑六白金星

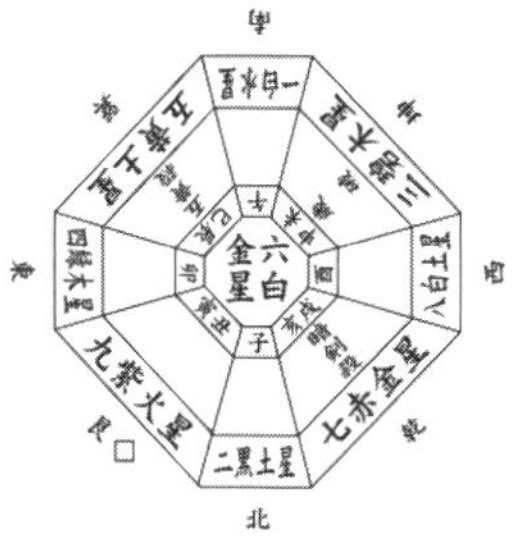

令和３年10月月盤
戊戌六白金星

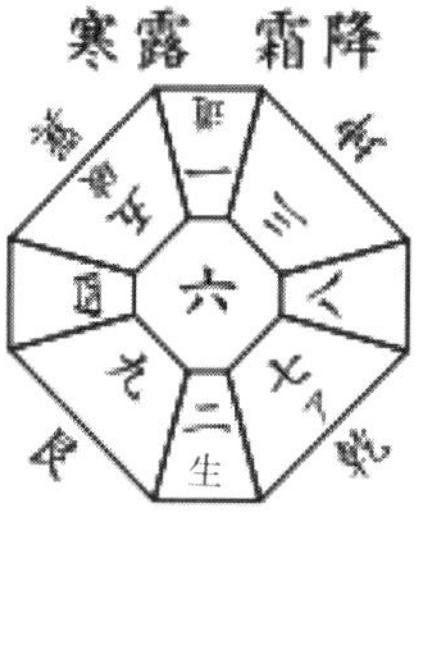

わせの日は、干支が三周、九星が二十周した百八十日に一度です。ちなみに、陰遁期から陽遁期へ変わる日は「冬至に一番近い甲子一白水星の日」ですが、こちらも同様、甲子一白水星の日は百八十日に一度です。とすると、この陽遁期、陰遁期の合計は三百六十日で、一年は三百六十五日ですから五日間短くなってしまうことになります。一年で五日ずつですから、十一年〜十二年で六十日です。そこで十一年〜十二年に一度閏日を設けてこの六十日を調整します。これを『九星置閏法』といいます。この暦の調整は、次回は令和十三(二〇三一)年で行われます。詳しくは『九星の秘密』松田統聖著をお読み頂きご確認をお願いします。

夜会・白い花

陰陽五行は広く生活の諸処に溶け込み、また深くその理論が取り入れられていることに新鮮な驚きを覚えることが多々あります。易の哲学が底深く流れる「茶道」ですが、陰陽五行が見事に取り込まれた作法は総合芸術のようです。例えば「水運び」「惣じて朝・昼・夜ともに暁汲みたるものを用いるなり。……夜会とて、昼以後の水は、之を用いず」と厳しい規定があり、暁の水を陽とし清気水としています。つまり夜明けは寅の刻(午前三時〜午前五時）で寅は五行では木気、また火局三合の生・旺・墓の生ですから陽気の発動を意味しています。反して昼以後の水は陰となる為用いません。また茶の間の起源ともいわれる茶室での「茶会」。そこに活けられる花は匂いの強いもの、色の鮮やか過ぎるもの、姿形が茶席に相応しくないものは避けられます。「夜会」は夜。夜は冬であり水気です。冬に咲く花は無く理に合わないということで夜会に花はタブーとされていましたが、紹鴎、利休によってその夕ブーは解かれました。その理由は、夜会の時刻は酉の刻午後六時〜亥の刻午後十時で金気から水気、どちらも色は白の時間であることから「白い花」を以て「理」に合うとしたのです。

芒種節《ぼうしゅせつ》・夏至節《げしせつ》

梅雨は、ミストシャワーのように物静かに降るという印象がありますが、風流な言い方では細雨《さいう》と言ったりします。このように雨には様々な呼び名があります。雨が降ることによってもたらされる恵みは計り知れず、全ての始まりは「水」です。気学でも、水の象意を持つ一白水星は北に位置し、冬至に至り、陰陽の気が交わって新たな生命が宿ります。作物を作るうえでもどんなに雨が大切だったことでしょう。気象予報士などいなかった昔は、ただ、ひたすら雨乞いの祈祷をするしかありません。シャーマンは雨乞い要員でもありました。五《ご》風十雨《ふうじゅうう》、五日に一度風が吹き、十日に一度雨が降る、これが良い塩梅で世の中の太平も意味するそうです。梅雨入りの事を、栗花落《ついり》ともいい、しとしと降る梅雨のなか、栗の花が咲き、そして散る事からこの字があてられています。

半夏生《はんげしょう》ず

半夏は、漢方薬の原料にも使われる「烏柄杓《からすびしゃく》」という植物です。咲いている花のすぐ下の葉だけがおしろいを塗ったように白くなり、それがまるで花弁のようにみえる珍しい花です。その為「半化粧」とも云われ風情を感じますが、実は虫媒花であるために白く目立つようにして虫を誘うという下心があるのです。まさに遠目には、まるでまっ白な花が群れて咲いているようです。半夏は二十四節気・夏至の末候で「半夏生ず」として登場します。かつては夏至から数えて十一日目にあたり、この日までに農家は田植えを終えなければならないとされており、半夏の日の天候によってその年が豊作か凶作かを占いました。ところで、会津、大内宿の「半夏まつり」をご存知ですか？　例年、七月二日頃の半夏の日に行われますが、後白河天皇の第三皇子・高倉以仁王《もちひとおう》の霊を祀った「高倉神社」の祭礼です。茅葺き屋根の街並みが「まつり」を一層際立たせ見応え十分です。無事に田植えも終わり一息ついた「半夏生ず」の日のことです。

高倉以仁王は、平安末期に平氏討伐のため挙兵しましたが敗れて落ち延び、大内宿にも潜伏したと伝えられています。愛妾の桜木姫は、以仁王を慕い、遠路、大内宿まで追ってきましたが、長旅の疲れで病にかかり十八歳の若さで亡くなりました。その墓がこの地に残っています。この話は、茅葺き屋根の町と相まって不思議なロマンを奏でます。

夏、本番

仲夏の候は、夏ならではの賑やかな花火大会や夏祭り等々が各地で開催される時期です。一方「灯籠流し」や「送り火」など先祖の霊を慰める静かな行事も行われます。中でも有名なのは京都の五山送り火（大文字焼き）です。灯籠流しが海への精霊送りに対して、五山送り火は山への精霊送りとされています。五山送り火の始まりは、京都東山の如意ヶ嶽の麓にあった浄土寺が火事になったとき、本尊の阿弥陀如来が如意ヶ嶽の頂上に飛来して光明を放った、その不思議な吉祥を後の世に伝える為、その光明を象って火祭りを行ったことからです。のちに空海（弘法大師）がその象った火を「大」の字に改めたといわれています。迎え火、送り火をはじめ「火」を介した行事や祭りが多いうえ、切火《きりび》という言葉もあり、人は火に対して災禍を切るもの、神聖なもの、浄化するものと考え、どこか畏敬の念を持っているようです。辞書には「はげしい感情」という意味もあり、九紫火星の象意と通じるおもしろさを感じます。

七という数字

七月七日は七夕、そこで七という数字にこだわってみることにしました。今から五千年ほど昔の話です。チグリス・ユーフラテス川流域のメソポタミア地方に住んでいた遊牧民族のシュメール人とアッカド人は、暑い太陽よりクールで優しい月を中心に生活していました。つまり夜を基準に時を考えていました。月が細い三日月から夜ごとに大きくなり、上弦の月になる。さらにまんまるの満月になり、満月をすぎると下弦の月になる。その後、姿を消してやがて真っ暗な夜に。さすがメソポタミア文明が起こった地の人々、規則的に変化して行く月の光で時を測る内に聖なる数「七」を捉えました。月の一ヶ月を朔、上弦、望、下弦と四分すると七日という単位が生まれ、これが現在の一週間となりました。また、月のみならず、秩序正しく動いている「星」の動きの中で、五つの星だけが整列を乱しているのにも気が付き、その星を惑星と名付けました。現在の水星・金星・火星・木星・土星です。これに太陽と月を加え七天体としたのです。いつの間にか、七づくしでした！

蓮の花

七十二候、小暑の次候「蓮始めて開く」が示す様に、淡いピンクの蓮の花が咲きます。「蓮は泥より出でて泥に染まらず」と云われますが、泥まみれの蓮の収穫はみるからに大変そうです。しかし、その優美で清らかな花の姿は古代から人々を惹きつけて止まない、まことに美しく魅力的なものです。古代人も蓮の花を見ていたというのは約二千年前の弥生時代の蓮の実が花を咲かせたという「大賀《おおが》ハス」から窺うことができますが、幼少時にその話を聞き不思議でたまらず何とも言えない想像の世界が広がりました。のどかな景色の中で、こんなに美しい花を見つつ、鮑などの高級な自然食を日常的に食べていた古代人は、最高に贅沢な生活をしていたことを、静岡県の登呂遺跡を訪ねた時に知りました。蓮の実の皮はかなり厚いので土の中で長い歳月、発芽する力を保つことが出来るのだそうですが、それにしても気の遠くなるような歳月を経ての開花はいまだに現実の出来事とは思えず、子供時代からのロマンを抱えたままです。蓮の花の命はわずか四日間、この命の短さ、はかなさでいっそうこの花を愛おしむことになるようです。お近くの名所の他に上野不忍池、鶴岡八幡宮など訪れてみてはいかがでしょうか。ただし、その美しい花を見るには、朝の早い時間に出かけなければならないようです。

お盆によせて

八月はお盆、正式には盂蘭盆会《うらぼんえ》です。東京近郊や一部の地域では七月にお盆ですが一般的に八月に行われることが多いでしょう。「盆と正月が一度に来たようだ」「正月に餅搗かず、盆に鯖食わず」など盆と正月を対比した言い方をよくします。それは、正月は一年の始まり、年の半分を過ぎた後半の始まりがお盆だからです。お盆には人々は帰省し、普段忘れがちなご先祖様を思うことでしょう。私の田舎のお盆は細い縄に紅白の御幣、茄子、真っ赤なほおずき、長いさやのささげを挟み込み神棚に掛けます。また、芋殻を足に見立てたきゅうりの馬と茄子の牛をつくり玄関先に置きます。私には、お盆はこの世とあの世をつなぐ不思議な想像の世界でした。そしてお迎えしたご先祖様に団子や素麺をお供えしますが、いま一連のことを兄嫁が守っています。私事ですが、亡くなった祖母、父、母のことを思い返すことをきっかけに初七日、四十九日、一周忌等が意味する事を知り、分からずに儀礼的に参列してきたことを残念に思いました。わきまえて都度の節目の席に着き、死者の冥福を心よりお祈りするべきでした。因みに初七日は三途の川を渡ります。審判を受け、渡り方に天国と地獄程の差があり、ここで旅立ちに持たされた六文銭を使うか否か。その後幾多の審判を受け、四十九日で地獄行きか極楽か判定が下ります。残された者たちは故人の冥福を支え、後押しする大切な役割があることを知りました。

（三）

夜長の秋

ふたたび、七という数字

暑さが厳しさを増している近年です。さて、八月の二十四節気は立秋節、中気は処暑節です。季節は初秋、秋の気配が残暑の中に見え隠れする中、自然は人間界に起こっていることなど全く頓着なく規則通りの営みを淡々と続けています。令和二年の昨年春以来、コロナ感染の不安を抱えながら生活している者にとって、変わらないものがあるという安堵感があり、癒されます。さて、八月といえば華やかな仙台七夕です。しかし、他所では七月七日です。意味ありげな七という数字を追ってみると七草や七福神。転じて聖書でも神が六日間で天地を創造し、その後の七日目を安息日にしています。また、メソポタミアに住んでいた古代人は昼間の猛暑をもたらす太陽より、冷たく優しい光を届けてくれる月を中心に生活していました。すると月は七日毎に姿を変え、月の光で時を測るうちに聖なる数「七」をとらえました。一週間も然りですが、人間にとって適切な時期は七を周期とする時間と空間だと気付いたのです。また黄河の流域に文化を築き上げた漢民族は四千年も前から太陽や月や星の観測を始め、星によって季節を知り農作業の時期を知りました。その指標になったのは、北極星と北斗七星でした。「七」という数字の妙を感じます。

立秋節《りっしゅうせつ》・処暑節《しょしょせつ》

立秋の声を聞くと、それだけで残暑厳しき中にも、吹く風や、朝晩の涼しさ、虫の音に秋が近いことを感じます。年々、夏の暑さが厳しくなるようで困りましたね。令和二年の昨年は、コロナ感染の不安と熱中症対策に大変な、まさに、酷暑でした。中気の処暑節に入ると暑さも少しやわらぎ、暑さに痛められた心と体が鎮静されます。秋と言えばお祭りです。例年ですと、八月二十六日・二十七日に開催される「吉田の火祭り」は、山梨県富士吉田市の北口本宮冨士浅間神社と諏訪神社の奇祭といわれる秋祭りですが、令和二年の昨年はコロナウイルスの影響で中止になりました。その祭りの様子は、市中が松明の火に輝き、富士の登山道にも松明が灯され、無事の感謝と共に、富士山のお山じまいです。元々は噴火を鎮める鎮火祭ということで、何年か前に見物人で行った私は、高く燃え上がる真っ赤な力強い松明の火に焼かれ、悪いものが全部燃えてなくなってくれるように思えました。地元の祭りには、伝統の祭りを楽しむ為、遠くに出ている人も故郷に帰ってきます。家族や親戚が集まり和やかに過ごしている様子が家々の灯りの中に見てとれます。旅行者は、夜、楽しげに食卓を囲むその灯りの外にいて、やはり異邦人、祭りの賑やかさとはうらはらな寂しさもあります。祭りは、やはりその土地に住む人達のものなのだと、初秋の肌寒さと、もの寂しさのせいもあったのか、その時私はそう思いました。

秋隣《あきとなり》

秋の気配をすぐそばに感じる、という夏の季語「秋隣」は、立秋に入る前までの言葉です。まだまだ、残暑厳しく、暑いさなかですが、ときおり吹く涼しい風に、秋が近づいてきていることを知ります。八月は、各地で開催される夏祭りを追いかけて旅行されたり、お盆での帰省や、逆に、お客様をお迎えしたり、言うなれば、大移動の月。そんな八月に、京都の五山送り火（大文字焼き）は、お盆に訪れたご先祖様の霊を送る行事として広く知られていま す。八月十六日、真っ暗な山に、その送り火は赤々と燃え、天へ昇って行きます。最初に「大」の文字が東山如意ヶ嶽で点火され、続いて左京区松ヶ崎の西山に「妙」、東山に「法」。そして、西賀茂船山に船形が、金閣寺大北山に左大文字、最後に嵯峨曼荼羅山に鳥居形が灯されます。船形は精霊船と呼ばれ船首は西方浄土に向いています。鳥居は愛宕山愛宕神社への参道の関係で鳥居だそうです。これほど有名な行事にもかかわらず、起源が定かでないというのも不思議な話です。

「気」その、不確かで確かなもの

二〇一六年、ブラジルのリオデジャネイロで第三十一回オリンピックが開催されました。連日、メディアは選手の活躍を熱く伝えておりました。中でも深い感動をよんだのは、日本男子体操団体の三大会振りの金メダルでしょう。各選手の日々の努力に敬意を表し、心からの感謝と拍手を送りました。優勝の直後、さまざまな人のコメントがありましたが、ある方が、選手の周りに強い「気」が立ち込めていた。気は本当にあると感じました。気は本当に大切なんですね～！と力を込めて話しているのを聞き、本能的に気の存在や作用を感じ取れる人がいることに感心しました。「気」についての学問「気学」を学ぶ私達は、ごく少数の人が持つ勘や霊感を超えた別のエリアにいるといえるでしょう。私達は気学の理論を理解し、それを応用し、日常的に大いに活用しています。その為には「正しい気学」を学ぶ必要があります。気の存在の大きさを再確認したのが、リオのオリンピックだったとは、その意外性にちょっとビックリです。

重陽《ちょうよう》の節句

九月九日は、重陽の節句。陽数九が重なっているので「重陽」と言います。この日は、三月三日の桃の節句などと同様に、菊の節句という言い方をします。菊は香り高く気品があるので、邪気を払い、寿命を延ばすといわれ、わが国での菊見の宴は、天武天皇十四（六八六）年に初めて行われ、「菊酒」と言って、酒に菊の花を浸して飲むと長生きが出来るともいわれました。「お九日《くんち》」と言って収穫祭の一環とする風習もあります。お九日は九月九日を神の日、十九日を百姓の日、二十九日を町人の日とし、お神酒に菊の花を添え、餅をつき、季節の栗ご飯を炊き、神に感謝する祭りです。皇室の菊の紋章は、十六葉八重表菊で、後鳥羽上皇が特に菊を好まれた為だそうです。また、わが国で最高の勲章、大勲位菊花章頸飾は明治二十一年に制定され「旭日と菊の花」を表しています。

早く咲け 九日も近し菊の花（芭蕉）

芭蕉は、こんな句も詠んでいました。最近、芭蕉の際立った感性の凄さに今更ながらに驚き、感動している私には、一入心に沁みる一句です。

初秋に

九月になると、しだいに暑さも収まり、朝晩はしのぎ易くなります。さて、九月九日は旧暦では菊が咲く季節であることから菊の節句とも呼ばれる重陽の節句です。元々は奇数の重なる月日は、めでたい反面陰に転じやすいとされ、邪気を祓う行事として節句が行われていました。なかでも九は一桁の数のうち最大の「陽」ですから、特に負荷のかかる節句と考えられていた経緯もあります。その後、陽の重なりを縁起の良い数とする考えに転じ人日・上巳・端午・七夕などの五節供（句）はめでたい行事となり、九月九日の重なりは、「重陽の節句」という特別な名があります。中国の故事に王の枕をまたいだ罪で追放され、さまよう男が菊の花の露を飲んだところ、不老不死の仙人となった菊慈童という話がありますが、令和三年は、九月二十日が敬老の日です。老化現象の始まりは四十代と言われます。年齢を語で表すと五十歳は「艾《がい》」、髪の毛が艾《もぐさ》のように白くなる。六十歳は「耆《き》」、年を経て旨味が出てきた。七十歳は「耄《もう》」はよく使われる耄碌《もうろく》です。まだまだ続きますがこの辺で。不老不死はいつの世も永遠の願いです。

「九」という特別の数字

「九」という数字が意味するものは、中国古代の易に基づきます。十は数の頂点に立つものですが、「満つれば欠くる」という哲学の上から好ましくないと考え、「九」を満ちて極まっている数として陽の極数、最高の数、天の数として神聖視したのです。古代中国でも「群竜首なきを見る。吉なり」で十の一つ手前の「九」が特別な数として扱われました。例えば、宮廷の飾りを九華・天子の御所を九禁といいます。また最も丁重に客を迎える時の礼、三回ひざまづいて、九回頭を地面につける敬礼の三跪九叩《さんききゅうこう》や、杯を三杯ずつ三度さす九献《くこん》などがあります。それぞれ何度も頭を下げ敬意や謝意を表す三拝九拝、結婚式の三三九度の盃として現在も生きております。またわが国でもその例を見ることができます。落語の「時そば」でお馴染みですが、江戸時代の時刻の呼び方です。夜中の十二時と昼の十二時を「九つ」に据え、昼夜それぞれを六等分して二時間を「一刻《いっとき》」とします。夜中の十二時を「深夜九つ」として「夜八つ」「暁七つ」「明け六つ」「朝五つ」「昼四つ」と数えました。「九つ過ぎ」というと「ものの盛りを過ぎたこと」を意味していることからも、九を頂点の数としていたことが窺えます。

江戸の時刻

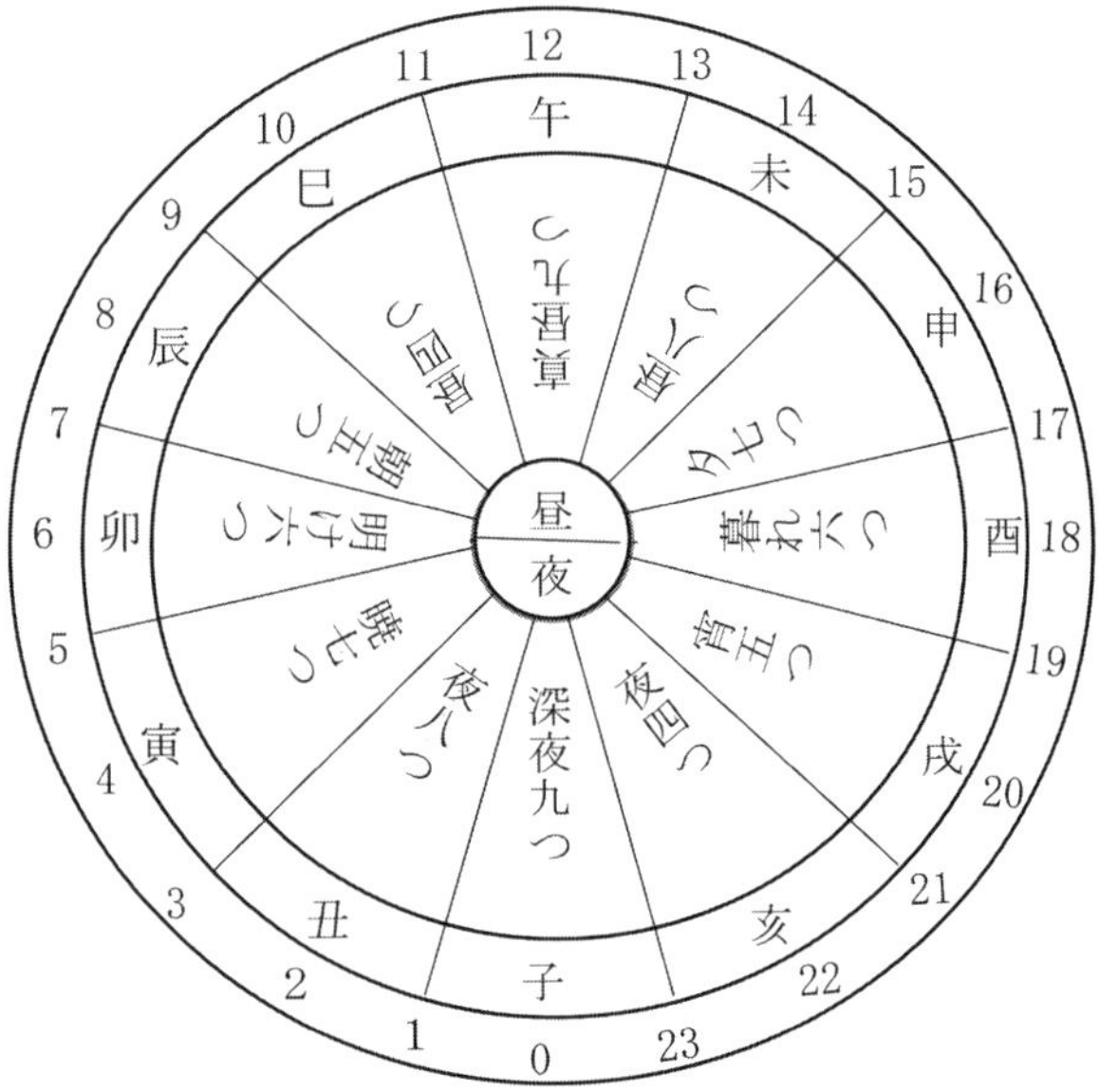
12
13
14
15
16
17
18
19
20
21
22
23
0
1
2
3
4
5
6
7
8
9
10
11
午
未
申
酉
戌
亥
子
丑
寅
卯
辰
巳
真昼九つ
昼八つ
夕七つ
暮れ六つ
宵五つ
夜四つ
深夜九つ
夜八つ
暁七つ
明け六つ
朝五つ
昼四つ
昼
夜

クレマチス

今更に、その清々しい紫の花が「テッセン（鉄仙）」でなく「クレマチス」ということを知りました。ひと月ほど前、小さな鉢に入った十センチ丈のその花を隣人から頂き、毎日水遣りをするものの一向に成長しません。そこで夏の土用に入る前にひと回り大きい鉢に変え、置く場所も変えてみました。すると驚いたことに数日後、若葉が四、五枚出現し、それからは支柱に蔓が勢いよく巻き付き、葉と共に元気に伸び続けております。私はもっと早く、この花の持つ「気質」を知り、環境を整えてあげるべきでした。人も同様で、自身の「気」に合う環境に身を置けば生き生きし、合わない場合は生気がありません。良い気に包まれ幸せに過ごすには、まず自分自身を知ることが必要です。大抵の人は子供に夢を託し期待します。しかし、その子は親のその夢を実現可能にする「気」を持っていないかもしれません。人はそれぞれ、与えられた得意分野が違います。気学により、我が子、わが孫がどのような気質を持っているのかを探り当て、これから進んで行く方向を定める際の、確かな拠り所にして欲しいと願う毎日です。

お月見

九月は、お月見。月を愛でる習慣は平安時代に始まっており「中秋の名月」という言葉は誰の耳にも自然に馴染んでおります。それは旧暦の八月十五日の夜に見える月のことでしたが、天文学的な意味での満月（望）は、地球から見て月と太陽が反対方向になった瞬間の月のことを指します。毎年、中秋の名月が見られる日は変わりますが、二〇二一年は九月二十一日です。満月前後の月は澄みきった明るさがあり、月明かりで本を読んだという嘘っぽさが打ち消されます。因みに私の寝室からは、夜、横になると月がよく見えます。そして月が煌々と無機質に光りながら静かに移動して行くのを時々確認してはこの上ない清浄な気分に満たされております。ところで、昔満月の夜、その月明かりを浴びると紳士だった男性が突然狼男になってしまうという怖い映画がありましたが、満月の夜は引力が非常に強く、自律神経の乱れ、感情の高ぶりなど実際に人間の生理に影響を与えることも少なくはないようです。今回はお月見のご提案でしたのでこの件はさて置きまして、この期間、向島百花園や赤坂の日枝神社でお供え式を見たり、琴や雅楽の演奏を聴くことができます。ただし、十五夜の月が雲に隠れて見えないことを無月。雨が降ることを雨月ということを申し添えます。

白露節《はくろせつ》・秋分節《しゅうぶんせつ》

夏を過ぎ、九月に入ると朝夕は肌寒さを覚える時があります。大気が冷えてきていますから、朝、道端の野草にしらつゆが光り秋を感じます。イザナギとイザナミに男女の交わりを教えたといわれる鶺鴒《せきれい》がそろそろ鳴きはじめます。中気の秋分は「彼岸の中日」であり、お墓参りをする方も多いことでしょう。仏教で西方浄土という言葉がありますが、西方に死者の行く彼岸があるとされています。太陽が真東から昇り、真西に沈む為、太陽の沈む方向が彼岸の方向を正しく示していることから春分・秋分の日は亡くなった人を偲び、自らの行く末を考える日とされています。昼夜の長さや熱度は同じでも、陽遁期（生気・プラスの気の伸張）の中の春分と、陰遁期（退気・マイナスの気の伸張）の中の秋分では大気の現象が異なります。夏の名残を残しながらも、さすがに朝夕は冷え込んでつばめも南に帰り、季節は夏から秋へと移って行きます。白露節から秋分節に変わった令和三年九月二十三日は昼と夜の長さが同じになる日。この日は「秋の彼岸の中日」です。前後三日の初日（二十日）は「入り」で、終わりの日（二十六日）は「明け」ですが、お彼岸というのは、もともと仏教の言葉で先祖供養の日とされます。その彼岸の中日を境にだんだんと日が短くなり、秋が深まって行きます。

体育の日

十月は寒露。秋分節から寒露節に変わるこの日から十月です。また、十月十日は祝日「体育の日」でした。昨年二〇二〇年（令和二年）に東京で開催される予定だったオリンピックでしたが、思わぬ新型コロナ感染の脅威により延期となっております。日本でのオリンピック開催は、アジアで初めての昭和三十九年十月十日、第十八回東京オリンピックでした。人々はこの日を万感の思いを込めて迎えたことでしょう。また、日本が初めてオリンピックに参加したのは明治四十五年、第五回のストックホルム大会です。団長は嘉納治五郎、選手はマラソンの金栗四三と陸上の三島弥彦の二名だけでした。この顛末は、中村勘九郎、阿部サダヲ主演の令和元年のＮＨＫ大河ドラマ「いだてん」でも描かれておりましたが、その金栗や嘉納を中心に「昭和十年に東京でオリンピックを」と名乗りを挙げたのは昭和初期のことです。しかし、立候補以後、日本が昭和六年に起こした満州事変などで世界から非難を浴び叶わず、ようやく開催国候補に選ばれたのは昭和十五年の第十二回オリンピックでした。にもかかわらず、また昭和十二年に盧溝橋事件により、近衛内閣は中止の決定を下し、幻のオリンピックとなってしまいました。その後も第二次世界大戦の戦争責任を負わされ参加する事が出来ないなどの苦難の道を辿り、日本がＩＯＣに復帰できたのは昭和二十六年のことでした。こうした紆余曲折を経て獲得したのが念願の昭和三十九年のオリンピックです。招致に尽力したのは日系二世でアメリカ合衆国の実業家、フレッド・イサム・ワダ、当時日本水泳連盟会長だった田畑政治、東京都知事となる東龍太郎らの各氏です。その開会式の十月十日を記念して「体育の日」が定められましたが、現在は「体育の日」の名称は「スポーツの日」に改められ十月の第二月曜日ということになっております。

秋深し

十月ともなると、朝晩は肌寒さを覚える様になり、また、いつまでも明るかった夏の日にかわり、あっという間に日が沈みます。冬の訪れが早い山の方では、そろそろ「ななかまど」の紅葉が見られることでしょう。葉も実も真っ赤な「ななかまど」は際立って見事です。その名の由来は、七度「かまど」に入れても燃え残るほど燃えにくい木ということからだそうで、その名づけの妙に感心します。さて、十月は土用月。宅地内の草取りや、工事などによる動土は止めましょう。これは「腐敗・自滅・病気」などの象意を持つ五黄土星が、四季の変わり目に活動し作用します。その為、土用の時期の土いじりは、五黄土星の殺気を身に取り込むことになり、災いの原因となります。土用が終わると新しい陽気が生まれ、季節は立冬、冬を迎えます。

寒露節《かんろせつ》・霜降節《そうこうせつ》

十月は寒露節・霜降節。いよいよ秋が深まり秋の味覚で溢れます。柿・栗・梨・松茸・しめじ……自然の恵みに感謝です。豊穣な食べ物、紅葉する山々の美しさに心を奪われている一方で「秋の日は釣瓶落とし」といいますが、秋の夕暮れはあまりに急で物悲しく、寂しい気がします。しかし、夕べには、ここちよい虫の音を聞きながら、澄んだ夜空に冴え冴えと渡る月の素晴らしさを愛でる時でもあります。さて、中気の霜降節に入ると、思わぬ時雨《しぐれ》に遭ったりします。急に強い雨が降ったかと思うと、あっという間に止んで青空になる、いわゆる通り雨、時雨は、晩秋から初冬にかけての空模様。また、ある場所だけに降る片時雨、横なぐりの横時雨、降る時による朝時雨、夕時雨、小夜時雨などいろいろな名前がついています。その年の初時雨を合図に、山の生き物や、人々もそろそろ冬支度です。

その名は紫式部

秋が深まってくると、朝晩はめっきり冷え込んで、二十四節気の霜降を実感する事になります。家々のあいだを歩いていると、夏には淡いピンクの花を咲かせ、秋には、きれいな紫の丸い実をいくつも房状に付けたムラサキシキブ（紫式部）を他所様の庭先で見かけ、その命名に感心し眺めています。見分けにくいのですが、よく似ていて、少し小ぶりな小紫《こむらさき》もあります。この優雅な名を持つムラサキシキブの実は、いったい食べられるのかどうか調べてみたところ、食べられますが、無味の為、小鳥達に譲った方が良いようです。その花の名に冠せられている女性、紫式部は「源氏物語」の作者としてあまりにも有名ですが、私生活では、ライバルや同僚をこき下ろしたりしている書物を目にすると、あの偉大な紫式部にも、私達と同じような日常があり、当たり前の喜怒哀楽があったことを思い、彼女の息づかいさえ聞こえそうな程身近に紫式部の生きた時代を感じてしまいます。当然のことながら、謎に包まれている部分も多く、それは永遠に解明されないままかな、と、もどかしく思いながら紫の実を見ながら思うのです。

土気

陰陽五行における一年は「木気」「火気」「金気」「水気」の四つの気が四季に配当され、また十二支が十二ヶ月に割り当てられています。さらに春夏秋冬は、春でいえば初春、仲春、晩春のように分かれています。では、五行と云うのですから木火土金水の五つの気の中で、土気はいったいどうなっているのかという疑問が起こります。その答えは「土気は春夏秋冬の各季節の終わりの十八日間を（四回の内、一回は十九日）占めている」のです。その土気の配されている期間が「土用」です。十二支でいえば、丑、辰、未、戌の各月の中にあります。従って、土気は独自の領分はありませんが、あまねく四季にまたがり四季を支配しているといえます。土用月の翌月には季節が規則正しく、例えば、戌（晩秋）→亥（初冬）に移り変わります。しかし春はそのまま夏に繋がるものではなく、夏もそのまま秋に移行するものではありません。秋から冬、冬から春への循環も同様です。土気の持つ万物を育むと同時に万物を死滅させるという両義性により、前の季節の気が消滅し、次の季節の気が生成されるのです。季節の転換、循環は「土用」つまり土気の作用によって行われるのです。

（四）

静まる冬

立冬節《りっとうせつ》・小雪節《しょうせつせつ》

十一月の節気で土用が明けると立冬を迎えます。季節は冬へと移り、乾いた冷たい風が木々の葉を落とし、風景は冬の装いに変わります。さて、十一月十五日は七五三。「七五三」は子供の成長の節々に、厄災に対する抵抗力をつける子供の歳祝いです。奇数がめでたい数であること、また体調の変わる年齢でもあることから、七五三として、子供には成長を自覚させ、親も過保護の戒めとしました。「七つ前は神の子」などという言葉がありますが、まだ社会の一員でなく、七歳になって初めて生存権が社会的に認められ、罪も問われ、本葬も行われました。現在、学校教育も七歳から始まっております。本来、七五三には髪置・袴着・帯解等の儀式があり、それぞれ名誉も地位もあり人望のある人が髪置親・冠親・帯親などに選ばれました。親という名で子供に関わることで、とかく過保護になりがちな親子関係に冷静な判断が加わるという利点があったようです。やっと一人歩きの三歳、何でも自分一人でやりたがる五歳、社会に認められる七歳を数でとらえて祝い、成長を願うのが七五三なのです。

亥《い》の子餅《こもち》

「亥の子餅」をご存知ですか？　その名は多産のイノシシにあやかり、形は愛らしい「うり坊」です。中国での、古来より亥の月、亥の日、亥の刻に、子供達が亥の子餅を食べれば健康に育つという習わしに倣い、わが国でも西日本を中心に無病息災と子孫繁栄を願う「亥の子祭」が行われています。亥の子餅は、源氏物語にも登場し、平安時代の人も食していますから、そのことに思いを馳せながら頂くと、特別な一品となることでしょう。時代を下って江戸時代には、この日は冬支度を始める日として、炬燵《こたつ》開きや炉開きをしました。それは、亥は陰陽五行説では「水」にあたり「水剋火」で「火」に強いので、亥の月、亥の日に炬燵を出したり囲炉裏に火を入れると火災から逃れられるとしたものです。また、茶道でも、夏向けの風炉を閉じ、地炉《じろ》を開きます。「炉開き」には、初夏に摘んだ新茶を初めて使う「口切り」をして、亥の子餅をいただきます。今年の「亥の子」の日を調べ、お忘れにならなかったらどうぞ召し上がってみて下さい。それにしても、五行の相生、相剋の理論は、絶対に会得すべきもの、して欲しいものです。

大嘗祭《だいじょうさい》

大嘗祭は、新天皇が国の平安や五穀豊穣を祈るものです。それは歴代天皇が毎年、宮中で行っている新嘗祭《にいなめさい》とほぼ同じ内容を新天皇が即位の礼のあと初めて行う、いわば天皇在位中に一度だけ大掛かりに行う儀式です。令和元年十月二十二日に「即位礼正殿の儀」が執り行われ、新天皇・徳仁《なるひと》天皇（第一二六代天皇）は、間を置かずして大嘗祭の祭主を務められました。さて、神嘗祭《かんなめさい》は天皇が祭祀者としてその年とれた初穂を太陽神・天照大神と稲の神・豊受大神に供える収穫感謝の祭です。新嘗祭は天皇がその年の稲の収穫を祝い、新穀を諸々の神に供え、天皇自らも食される神人共食の感謝祭として現在も宮中のほか、伊勢神宮や出雲大社でも行われております。因みに、それまで祝日であった神嘗祭と新嘗祭は昭和二十三年「国民の祝日に関する法律」が制定され祝日としては廃止となりました。しかし、新嘗祭は天武天皇六年十一月乙卯の日に執り行われたことが日本書記にもみられますが、新嘗祭の行われていた中卯の日（一ヶ月の中にある二番目の卯の日）にあたる十一月二十三日は勤労感謝の日として新しい国民の祝日に生まれ変わったのです。

冬至に一番近い甲子一白水星の日

冬至は一年で一番昼が短く、夜が長い日です。冬至以降は日が延びていくので、古代では一年の始まりとされたこともあります。

令和三年一月十五日に六十干支のいちばん最後（癸亥一白水星の日）と十六日に六十干支のいちばん最初の日（甲子一白水星の日）が続きます。ということは、ここで陰遁期から陽遁期への交替が行われます。この交替日は「冬至」にいちばん近い甲子一白水星の日という決まり事がありますから、冬至の日を暦で確認すると令和二年十二月二十一日です。二十一日の周辺で甲子一白水星の日を探します。すると翌年の令和三年一月十六日が間違いなく「冬至にいちばん近い甲子一白水星の日」という事が分かります。冬至は太陽光が最も低い角度の為、昼間が最も短く、最も弱い太陽です。その太陽の熱を地球が吸収し暖まるのに約四十五日かかります。従って、冬至の時、最も少なく受けた熱の結果は立春の頃に現れるので「♪春は名のみの風の寒さや……」と歌われている様に立春の頃が最も寒いことになります。陰極まれば陽兆すで、冬至の時、最も弱い太陽は冬至から後は次第に昼間が長くなり光と熱を増してきます。冬至は陽が兆す一陽来復の日として未来への希望をつなぐ日でもありました。農耕生活には太陽の光と熱は絶対的に必要なものであり、春の暖かい太陽は人々にとっても憧れでした。その為、漢の武帝の時、年の始めを冬至から立春に改めるようになりました。この立春正月の思想は日本にも受け入れられ、持統天皇六（六九〇）年の元嘉暦から仁孝天皇の天保十四（一八四三）年の天保暦はすべて年始は立春だったという歴史もあります。現代に生きる私達にとっても太陽はまさに天、これより上のものはなく、敬意をもって仰ぎ見る大切な存在です

令和2年12月

令和3年1月

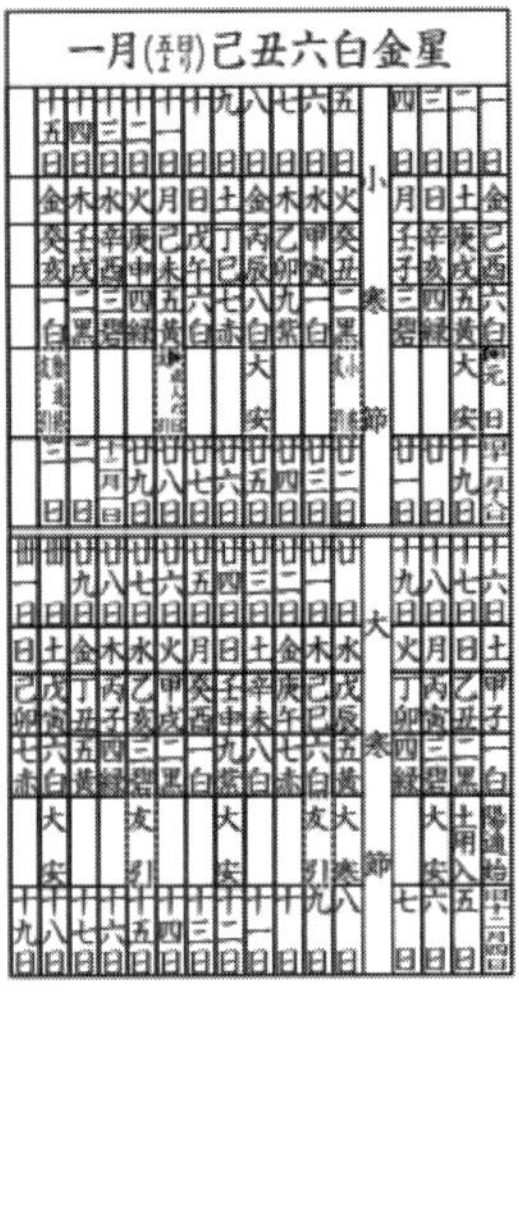

冬至《とうじ》梅《うめ》と柚子《ゆず》湯《ゆ》

寒さの中におります。街を行き交う人々は防寒服に身を包み、木々は葉を落とし、頬に風が冷たく、私は口をつぐんで歩きます。色のない風景の中を進みながら、やがて来る華やかな春を思います。桜が散った後の暖かい陽気の日、柳の柔らかく枝垂れた枝に小さな若葉が芽吹き、春風に柔らかく「ふわ～り、ふわ～り」とそよぎ、川面にまで届いている様、家々の垣根のカシノキ、キンモクセイなどの輝くような緑の葉、小さくて、真っ白なゆきやなぎの花、それに薄いピンクのコブシ、羽子板の羽のような花びらをしたはなみずきが彩りを添えている、そんな夢のような風景が私の中で展開します。木々や花々からも何とも言えない良い「気」が出ています。家相でも、問題点がある場合には、吉方位から調達した根っ子の付いた、生きた観葉植物と御神砂を置くことをご提案する場合がありますが、元気を失くし、萎れかけていた私も、植物の強い生命力、気エネルギーを享けて立ち上がります。また、対人関係でいろいろ複雑な感情が交錯する時、自然のあるがままの姿に触れると、自分がとても小さなことにこだわっていたことが分かり、苦の元をハンカチーフにくるみゴミ箱にポーンと投げいれ、これでリセットです。自然の力は偉大です。

さて、令和三年十二月二十二日（水）は冬至です。陰が極まって陽に転じるという意味で「一陽来復」とも云われ、人々はこの日を境に物事が良い方向へ向かうものとしました。翌日から、日の出から日の入りまでの時間が延びて行くのですから、気持ちも陽に向くことは自然なことでしょう。ところで、皆様は冬至には柚子湯をされますか？　ゆずの黄色は邪を払い、難を防ぐと言われますが、冬至を「湯治《とうじ》」にかけて、柚子を「融通《ゆうずう》」をきかせて世を渡るという語呂合わせをするのは、いかにも日本人的です。「桃栗三年、柿八年、柚子は九年でなりさがる」、風雪に耐えて実をつける柚子なのです。さて、寒い冬至には、家の中では南瓜を頂いたり、ゆずの香りや薬効で体を温めたりしますが、戸外では一重の可憐でひそやかな白い花、冬至梅が咲いています。この花にもし雪が舞いおりたら、いっそうの趣を添えることでしょう。冬至の頃に咲くので、それが名前の由来で「とうじばい」とも言います。

こよみ

冬至は十二月二十一、二十二、二十三日のいずれかの日です。冬至を境にして、日脚が徐々に伸びて行きます。このように、暦を頼りに、私達は四季の変化を、また毎月の行事を知り、行動します。一年間を通して暦のお世話にならなかった人はいないのではないでしょうか。それほど暦は、私達の生活にとって必要不可欠な大切なものです。暦は「日読《ひよみ》」で毎日の日付、七曜、日の出、日の入り、月の満ち欠け、季節の移り変わりなどを教えてくれますが、干支・九星の他に、六曜、十二直、二十八宿など盛り沢山に書き込まれているものが数多く出版されており、どれを取って判断したらよいのか困惑する人もいるようです。例えば、六曜で「大安」なのに十二直では「やぶる」などとなるので、信じるもの、いずれか一つを判断の基準とするとよいでしょう。気学を学ぶ私達は、年・月・日・刻の吉凶は九星や十干、十二支を手がかりに判断しています。それがもっとも合理的で信頼できる判定法ではないかと思っています。

小寒節《しょうかんせつ》・大寒節《だいかんせつ》

元日は、一年の始まり、元々は、正月の満月の夜、年神様を迎えて旧年の豊作と平穏を感謝し、同時に新しい年の幸を祈る日でした。「年」「月」「日」のはじめを「三元」、三元の日の朝が元旦です。易では、その年に年神様が宿る縁起の良い方角を「恵方」といい、初詣は、もともと「恵方参り」でした。その年の恵方にあたる神仏にお参りし、豊穣と家内安全を祈願するものでしたが、近年は、単に有名神社に初詣する人が多くなりました。それでは、今年の年神様の宿る太歳の方位はどのように決まるのでしょうか？　その年の十干により定められます。十干で五行の相剋で、かつ、陰と陽の組み合わせになる関係をみて、陽の方位を取ります。令和三年の今年は、辛の年ですから、五行の相剋の関係から、丙と辛の組み合わせ、火剋金ですから陽の丙（南南東微南）の方位が恵方の方位になります。あらためて、暦の知恵の奥深さ、気学を学ぶ楽しさを感じます。さて、お正月にはお屠蘇《とそ》を頂きますが、元々は薬だったことはご存知の通りです。漢方薬でよく耳にする、肉桂、山椒、大黄、桔梗、乾姜《かんきょう》等を三角の赤い袋に入れて酒やみりんに浸した物です。唐の時代、孫思邈《そんしばく》という医者が風邪の予防薬として作ったものを年末に友人に贈ったところ、それがとても美味しくて評判になり定着したものだそうです。彼は屠蘇庵という草庵に住んでいました。屠蘇とは鬼気を屠絶し、人の魂を蘇生させるということで、一年中の邪気を祓い延命長寿を願って飲むお酒です。そして興味深いのは、屠蘇は年少の者から順番に東を向いて飲むというしきたりです。息災を祝う意味が込められているのと、若い人の若さを年長者が飲み取るという願掛けの意味があり、忠孝の思想によって毒味の習慣からでもあるようです。

■十干と恵方位

二十四方位（十六方位）	恵 方	年 干
寅と卯の間（東北東）	甲の方	甲の年
申と酉の間（西南西）	庚の方	乙の年
巳と午の間（南南東）	丙の方	丙の年
亥と子の間（北北西）	壬の方	丁の年
巳と午の間（南南東）	丙の方	戊の年
寅と卯の間（東北東）	甲の方	己の年
申と酉の間（西南西）	庚の方	庚の年
巳と午の間（南南東）	丙	辛の年
亥と子の間（北北西）	壬	壬の年

お正月、そしてまもなく春！

毎年、お正月には人々は心新たに一年の邪気を取り除くという「若水《わかみず》」を、心躍らせ汲み、味わい、いただく。生々たる気の輝く中に皆様がいます。その引き締まった気分の一月は「小寒」。この日から「寒の入り」となります。子供の頃の記憶の中には、霜柱をシャリ、シャリと踏みながら歩いた空気の冷たさ、足先がかじかんで刺すような厳しい冷たさがありましたが、暖房の整った今はその感覚がありません。一年中快適で有難いのですが、この快適さを当たり前としてしまい、つい感謝を忘れがちな私達です。続いて、いよいよ寒さの峠、中気の「大寒」に入ります。万物は厳しい寒さの下、その辛苦に耐え、冬を過ごすことになります。また、一月は「土用期間」があります。乾土の中で行われる過酷な夏の土用と違い、水気の中で行われる冬の土用は、水分をたっぷりと含んだ土の中で行われ、生物にとっては優しい土用であるといえます。そして、この土用を終える二月三日（年によって二日、または四日、五日もあります）は節分。翌日は立春、季節は冬から春へと移り、明るい春を迎えます。

松竹梅

古くから、めでたいもののしるしとして、松竹梅があります。まず、鮨など一番上級の物を指す「松」ですが、正月の門松は、年神様をお迎えする依代《よりしろ》として欠かせないものです。神待つ木、神の降臨する木として人々はあがめました。寒い冬にも葉は常緑を保ち、花は「十返花《とかえりのはな》」といわれ、千年に十回花を咲かせるという驚異的な長寿を示しています。「竹」は撓《たわ》んで折れないしなやかさ、急速に成長する生命力、長寿を意味します。「梅」は、他の樹木に先がけ春を告げる花として香り高く咲き、蕾は節操正しく、種は繁殖力が強く、また、梅干しのしわに長寿を連想しました。この松竹梅を陰陽から見てみますと、松と竹は陽、梅は陰となり、陰陽のバランスが取れていて哲理にかなっています。さらに、植物学上からみても、松竹梅が植物界を代表していることが分かります。松竹梅と裏白で植物界をおおうことによって正月をより意義深いものとしています。研ぎ澄まされた感覚と、経験によるこの古代人の英知にはいつも驚嘆です。

寒

一月の節気は小寒、中気は大寒です。令和三年の今年は、一月五日の小寒で寒の入りを迎え、大寒を経て節分までの約一ヶ月間を寒の内と云い一年でもっとも寒い時期です。冷え、寒さは人々にとって大敵、厳しい寒さに備えて「冬支度をする」という言葉もあります。しかし、大変なだけでなく、この季節でなければ楽しめないものもあります。旬の魚「氷下魚《こまい》」もその一つ。私が氷下魚の美味しさを知ったのは、北海道旭川出身で酒好きの義兄のお蔭です。軽くあぶり、小さく割いて食べますが、その面倒な作業はいつでも私でない家族の誰かがやることになります。氷下魚は水温が氷点下になっても凍らないことからこの名がついたそうですが、それは零度以下でも凍らない成分が血液中にあるからなのだそうです。さて、庭に目を転じると、福寿草が吉を呼ぶように咲いています。正月の頃に咲くので、元日草とも呼ばれ、早春に輝く金色の花は、まさに福を呼び込んでくれるように思えます。箏の習い初めに「床に飾れる福寿草……」という曲もありました。その光沢のある花びらは日があたると開き、夕暮れには閉じるのです。そうこうする内に大寒には三寒四温で梅の花の開花も聞かれ寒が明け、立春を迎えます。

子《ね》の年

昨年、令和二年の干支《かんし》は庚子《かのえね》。その十二支の子は北です。まず、子を北に置き、時計回りに子・丑・寅とふって行くと、北方位を占める水気には「亥・子・丑」の三つの十二支が並びます。「子」はその中央にありますから真北、正北です。子月は十二月、季節は仲冬で陰遁期から陽遁期に変わる目安になる冬至を含んでおります。更に、子という文字を分解すると「了（おわり）」と「一（はじめ）」。ものの「終りであって始め」であると云うことは要であり中心点と言えるでしょう。冬至を含む子月は、陰がつきて新たに一陽が兆すという「一陽来復」。その為、同月は、陽気の始まり「陽始」であると同時に、陰気の終り「陰終」ということになります。このように陽の気と陰の気が入り混じっている為、古書『五行大義』では「子《ね》を混沌と名付く。陽気混沌をいう」とあるように「子」すなわち混沌であると定義しています。また、中国哲学では絶対の存在は「混沌」。その理由は、陰陽二大元気を保持、包含していることによります。このように、北の正方位を意味する「子」が重要な位置にあった事を証明するように、次にあげる国家的行事や祭祀にも北方位が選ばれております。平城京、平安京などの遷都を始め、天智天皇六年に大和の浄御原宮から大津に移った近江遷都も飛鳥から六〇キロを隔てた真北にあたり、皇居と政庁は常に北の中央へと移動しております。令和二年は「更改」の意味を持つ「庚」と、ものの始めと終りを意味する「子」新たな出発の予感を抱かせる庚子の年でしたが、逆の意味で全てが更改され新たな生活スタイルが余儀なくされた年となりました。

令和二年、コロナによる自粛の年に

令和二年は新型コロナウイルスに怯え、どこかに不安を抱えた春、例年とは違う桜の季節でした。人々は咲き誇る美しい花々を心から楽しむ余裕の無いまま季節を送り、初夏を迎えました。規制された暮らしの中であっても、また様々な心配を抱えながらも、私達はできるだけ生活のリズムを崩さず、規則正しい暮らしを続けなければなりません。そんなある日、浴室の掃除でシャワーを使いました。光をうけた水がシャワーヘッドからキラキラと輝いて流れます。あまりの美しさに感動し、この水をいつまでも大切に守って行かなければという思いでいっぱいになりました。また、ある日はパン屋さんで「一個、一個ビニール袋に入れなくて結構ですよ、みんな一緒で大丈夫」とにかく、地球を痛めるものはなるべく使わず、資源になるものは最大限に活用したいと心がけています。この度の新型コロナウイルスは、

料金受取人払郵便

大阪北局
承　認

2424

差出有効期間
2021 年 12 月
1 日まで
（切手不要）

郵便はがき

553-8790

018

大阪市福島区海老江5-2-2-710
㈱風詠社
愛読者カード係 行

ふりがな お名前			明治　大正 昭和　平成　年生　歳	
ふりがな ご住所	□□□-□□□□		性別 男・女	
お電話 番　号		ご職業		
E-mail				
書　名				
お買上 書　店	都道　府県　市区　郡	書店名	書店	
		ご購入日	年　月　日	

本書をお買い求めになった動機は？
1. 書店店頭で見て　2. インターネット書店で見て
3. 知人にすすめられて　4. ホームページを見て
5. 広告、記事（新聞、雑誌、ポスター等）を見て（新聞、雑誌名風詠社の本をお買い求めいただき誠にありがとうございます。
この愛読者カードは小社出版の企画等に役立たせていただきます。

本書についてのご意見、ご感想をお聞かせください。

①内容について

②カバー、タイトル、帯について

弊社、及び弊社刊行物に対するご意見、ご感想をお聞かせください。

最近読んでおもしろかった本やこれから読んでみたい本をお教えください。

ご購読雑誌（複数可）	ご購読新聞
	新聞

ご協力ありがとうございました。

お客様の個人情報は、小社からの連絡のみに使用します。社外に提供することは一切ありません。

人々に多くの教訓と共に警告を発しています。私達は気づき学ぶべきです。環境問題、物を慈しみ大切にする心、助け合うこと。何より、命がどれほどはかなく、また、かけがえのない大切なものであるかと云うことを。

そんな中で夏目漱石が百年余前の一九一一年八月、和歌山県での講演会で語った「文明開化」に何かとても共感できる気がしまして皆様にお伝えしたいと思います。夏目漱石は優れた作家であり、優れた文明批評家でもあると言われていますが流石です。講演会の原稿は、落語家のような語り口やブラックユーモアで覆われていて、とても面白いものでした。原稿からほんの一部を引用します。「和歌山から和歌の浦までちょっと使いに行って来いと言われた時に、出来得るなら行かなければ誰しも御免蒙りたい。がどうしても行かなければならないとすればなるべく楽に行きたい、そうして早く帰りたい。できるだけ身体は使いたくない。そこで人力車もできなければならない訳になります。その上に贅沢を云えば自転車になるでしょう。なおわがままを云い募ればこれが電車にも変化し自動車または飛行器にも化けなければならなくなるのは自然の数であります。（原文のまま）…以下略」全体の要約を僭越ながら自分なりの解釈で書くことをお許しください。文明の開化とは人間活力の発現です。それには二つの種類の運動があり、活力節約の方向では、できるだけ楽をしたいと農機具や動力機械を発明し、鉄道や自動車を発明しました。活力消耗の方向では、楽しみ、快楽を貪欲に求め豪華客船で世界一周の船旅や、より美味しいものを求めたりしました。しかし、この開化は生活のレベルが上がったということで、人間の幸福度が上がったという話ではありません。生活は決して昔より楽になっていないと。幸福という観点からは、発展は必ずしも幸福度とイコールではないことを漱石は言いました。いま、世界は利益を求めひたすら生産し、従って物で溢れ、私達は物を捨てて、また新たな物を買い続ける。何をしているのでしょうか。現在、私達は、いつでも自由に外出し、仕事や買物、時には友人との会食など「マスクを外した日常生活」が戻って来る日を待ち侘びておりますが、その時には、これまでとは違う価値観を手にして、一人一人が力強く、逞しくなっているような気がしています。漱石の時代の文明開化とは時を隔てた大変化です。

御神砂《ごしんさ》

御神砂は、私達にとってかけがえの無い大切なお守りです。また、願いを叶える為の強力な後押しとして活用します。その御神砂は、その年、その月、その日、その時刻に天道生気の吉方位という諸条件を満たし、更に、各人のご自宅から十二キロ以上の位置にある神社からいただきます。その御神砂をお守りとして持つ場合は、自分の本命星と相生《そうじょう》の御神砂です。例えば、九紫火星の御神砂を「お守り」としてポケットやバッグに入れて持ち歩ける方は、三碧木星・四緑木星・二黒土星・五黄土星・八白土星を本命星とする人です。お守りは、その人の本命星を活性化し、免疫力を上げる働きをしてくれます。その御神砂が相生でなく相剋にあたる場合は身に付けることはしませんが、ある目的を達成させる為に、願いを込めて家の周囲などに「まいて」または「置いて」使います。御神砂は、常に生々の気に満ちたものでなければならないため、お守りも、まいて使うお砂も四十五日を上限として取替えます。また取替え用としてストックの御神砂はしっかり密閉して「気」が抜けないように保管します。また、神社で御神砂をいただく際は、神社の方にきちんとご挨拶をして失礼の無いように。お礼の気持ちもお忘れないようにお願いします。

先天定位盤《せんてんじょういばん》・後天定位盤《こうてんじょういばん》

毎回、勉強会会場のどこかに、文末にあるような難しそうな図が貼られていませんか？この盤は気学ではとても大切なものなのです。先天定位盤・後天定位盤と言います。この二つの盤は、九星の位置が固定して動かないので定位盤と言います。位置が固定しているこの二つの盤の他に、九星の位置が動く盤、つまり年毎に変わる年盤、月毎に変わる月盤、日毎に変わる日盤、二時間ごとに変わる刻盤の四つの盤があります。これらを遁行盤と言います。ややこしいこれらの盤を、私達はいったいどう使えばいいのでしょう。例えば、後天定位盤と年盤の同会から、年運の吉凶を知ることが出来ます。後天定位盤と月盤の同会で月運の吉凶を知ることが出来ます。このように常に後天定位盤を基本、軸にしており、すべての指標になるとても重要なものといえます。後天定位盤は「本籍」先天定位盤は「DNA」と言われたりしています。よく見てみてください。自然界の仕組みをあらわしているとされる「先天定位盤」は八方位の記載がなく天と地だけが表記され、おまけに真ん中（中宮）が空白です。まだ、人間が登場する前の世界なので、方位がありません。方位は人間だけのものということが分かりますね。転じて、後天定位盤の中宮には、「五黄土星」が登場し、堂々と君臨しています。これには深いお話がありますので、教室や凧の会でお会いした時に少しずつお話しさせてください。それにしても、古代中国の先達は偉大です。私達は、まさに、学問の世界遺産をいま、学んでいるのです。

左の図が、先天定位盤、後天定位盤です。皆様が、この二つの盤を深く勉強して理解した時に、あらためて気学の奥深さを知ることになるでしょう。

先天定位盤
（伏犠八掛図）

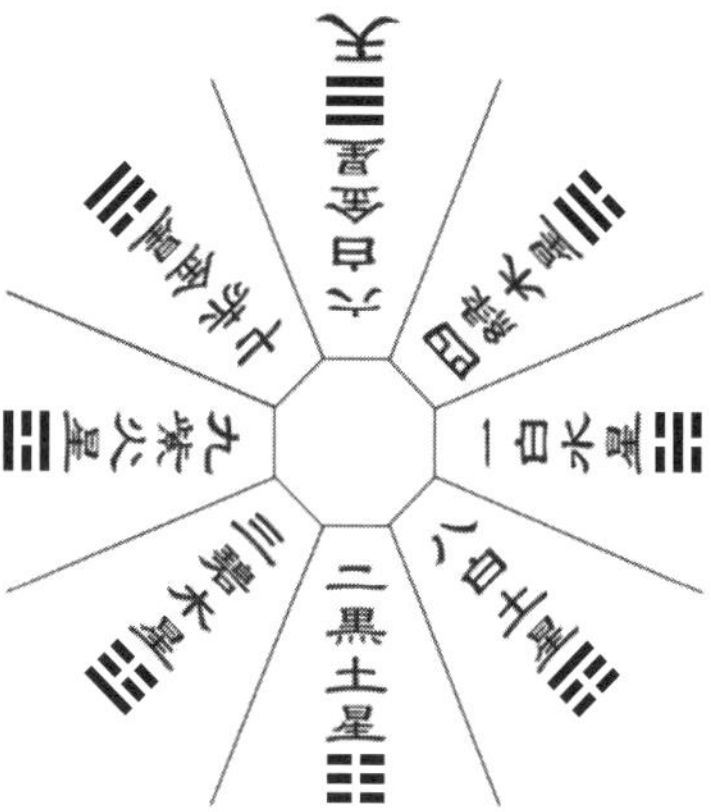

後天定位盤
（文王八掛図）

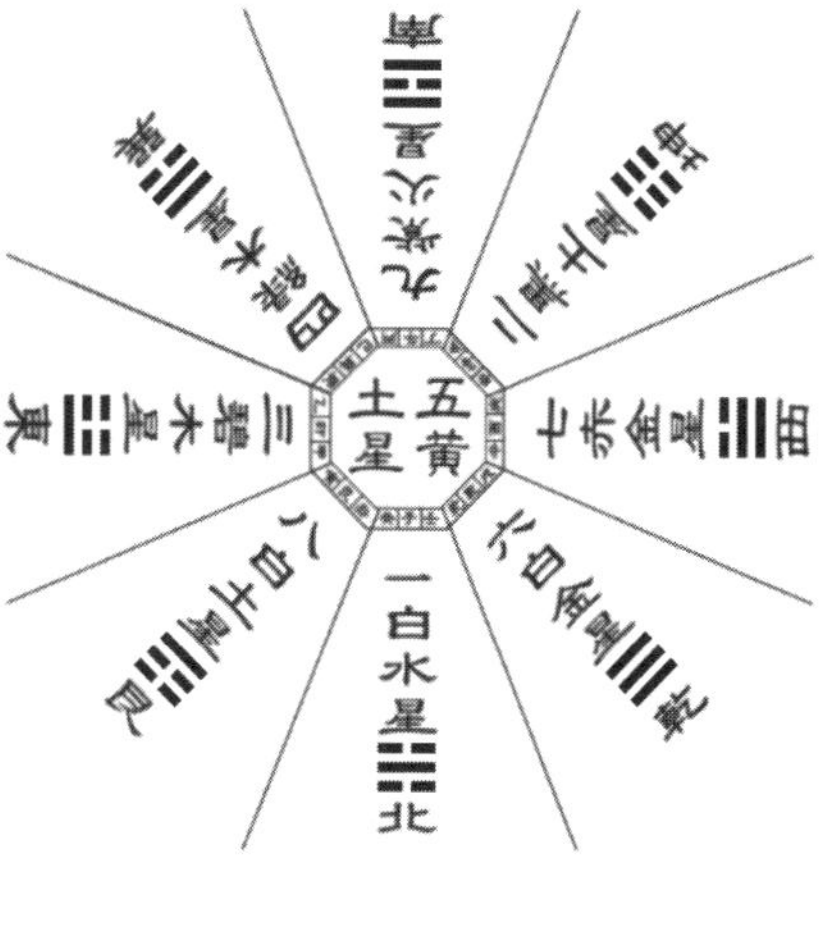

あなたは、この二つの盤のどこにいますか？　探してみてください。
ここから自分探しの旅に出ましょう！

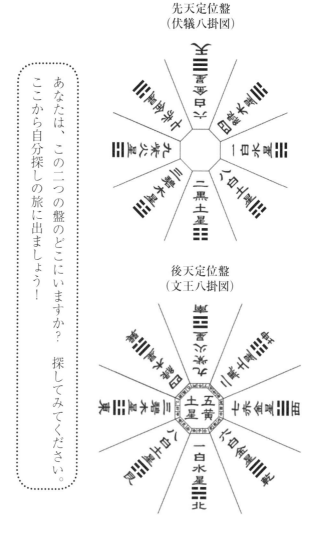

第二章　自然の象 九つの星

一、風の象　巽

季節は春。これから、ご一緒にお散歩はいかがですか？　ちょっと長いお散歩になるかもしれませんが……。私の散歩コースに川沿いの細い土手道があります。その道は桜並木がどこまでも続いています。少し前までは満開の桜の下を歩きました。でも今日は、散り落ちた花びらの上を歩いています。桜に代わり、柳のしなやかな緑の枝を風が優しく揺らしております。一年の巡りの中で、もっとも快適な気候の四月・五月を、気学では、巽方位（東南）にあてはめ「巽宮《そんぐう》」といいます。その場所は植物に例えると双葉からずっと成長を続けてきた樹木が、成長を遂げ、樹木としての体裁を調え、人で謂えば、成人し周囲から一人前として認められ信用されるようになる、いわば完成の場所です。ですから、本命星が巽宮に入った時は、縁談がまとまったり、長年の努力が報われたり、事業主の方は商談・契約等が成立し易い運気上々の時です。このようにそれぞれの宮と季節は密接な関係にあります。例えば、本命星五黄土星の人が、令和三年の今年は巽宮におります。巽宮は季節でいえば晩春から初夏、万物ことごとく調う時です。人にとっては幸運が自然に舞い込み、物事が良い方向にまとまるという恵まれた運気最好調の時と言えます。巽宮に回座した好機は逃さないよう、迷いなく思い切った行動をするようお勧めします。

令和３年 年盤

		南		
五黄殺	5	1	3 ハ	破
東	4	6	8	西
	9	2	7 ア	暗剣殺
		北		

後天定位盤

		南		
	4	9	2	
東	3	5	7	西
	8	1	6	
		北		

各宮の名称

	５月	６月	７月	
	巽（東南）	南	坤（南西）	
４月	巽宮《そんぐう》	離宮《りぐう》	坤宮《こんぐう》	８月
３月 東	震宮《しんぐう》	中宮《ちゅうぐう》	兌宮《だぐう》	西 ９月
２月	艮宮《ごんぐう》	坎宮《かんぐう》	乾宮《けんぐう》	10月
	艮（北東）	北	乾（西北）	
	１月	12月	11月	

二、山の象 艮

ご近所の家の垣根伝いに歩いて行きますと、花を終えた木々の若葉が、次は私の出番ですと言わんばかりに、キラキラと輝き風に揺れています。これから始まる人生の旅立ちのようです。雨の六月は紫陽花を楽しみに歩きます。さあ、今回は、「艮宮《ごんぐう》」のお話です。艮は（うしとら）ですから、十二支は丑と寅。丑月の一月は旧暦の十二月です。寅月の二月は旧暦の一月にあたります。誰しも良い事、悪い事いろいろあった中で、一年の終わりと始まりです。来し方の一年を振り返り、丑月の一月に一旦立ち止まり、寅月の二月で新たな出発です。艮宮に自分の本命星が入りますと、不思議といま自分が置かれている現状を変えたいという気持ちが強くなります。例えば、転居や転職を考えたり、リフォームを考えたり、今までの環境を新しい環境と入れ替えたい衝動に駆られます。これは後天定位盤の八白土星の象意である変化・急変・改革等の作用を受けることからです。令和三年の年盤で、今年は本命星が、九紫火星の人が艮宮に回座しています。動く時は、熟慮を重ね「石橋を何度も叩き」九分九厘確信が持てた時に計画を実行に移すよう心がけてください。迂闊に動けば、ご自分の星が変化線または坎宮《かんぐう》に入った時に凶作用を受けることになってしまいます。後天定位盤の二・五・八を結んだ斜めの線は変化線。変化線に乗った時は変化を起こしやすく、また、受けやすいので注意しなければならないのです。特に艮宮は衰運期の中の変化線です。坎宮と並んで要注意の宮であることを知って下さい。

三、雷の象 震

ムクゲといえば夏の花、家々の庭や垣根越しに見られます。それに、少し前から咲いている紫陽花も色鮮やかです。紫陽花は土により、色が変わるそうで、例えばピンクを頂いて来ても思わぬ色になってしまうことがあるそうです。七月は、二十四節気の小暑節・大暑節が示す通り「暑い！」です。元気な太陽に負けないよう、楽しい夏をお過ごしください。さて、今回は「震宮《しんぐう》」についてお話しいたします。この宮は、盛運二期目で本来とても運気の良い場所です。この宮に入りますと、元気溌剌、やる気が出てまいります。雷・活発・若者・成長等々の象意を持つ後天定位盤の三碧木星と同会するからです。気の流れというものは不思議です。九つの宮それぞれにその気が存在し、私達はその流れに支配され、自然にその作用を受けます。その基になるのは定まって動かない後天定位盤です。盤が変わる年盤、月盤、日盤、刻盤の四つの盤を遁行盤と言います。令和三年の年盤では震宮には本命星が四緑木星の人が回座します。盛運期が四年間あるとされる内の二年目です。この宮に入りますと、後天定位盤の東に定位する三碧木星の作用を受けます。雷・活動的・若人・顕現等の象意があることから、内緒事をつい口に出してしまい、周囲が知ることになってしまったり、早とちりして失敗をしたりという現象が起こり易いのです。このことをご理解の上注意深くお過ごし下さい。ただし、注意するあまり、盛運期の中にいることを忘れないようにしてください。

四、波乱の象 中宮

各宮について回を重ね、今回は「中宮《ちゅうぐう》」です。令和三年の年盤では、六白金星が中宮に回座しています。六白金星という星が意味するものは天・指導者・円い・高慢・多忙等々です。後天定位盤の真ん中は五黄土星です。波乱の意味がある五黄土星との重なりで、中宮は、良い事も悪いことも含め、人生上で大きな変化が起こり易い年といえます。例えば、少し前になりますが、マラソン解説者の高橋尚子さんは二〇〇八年、一白水星で中宮にいた年に現役を引退しています。昨年二〇二〇年、七赤金星で中宮にいた棋士の藤井聡太さんは、棋聖、王位の二冠を獲得、快進撃を続けています。このように生殺二道を司る五黄土星の象意を受けるのが中宮です。中宮に回座する年は周囲からも注目され、盛運期の四期目であり、とても良い年です。しかし、大半の方々は好調であった過去三年の記憶から自信満々で、自分は何でもできる、思うままになる、という万能感に陥りやすく、ともすると「こんなに仕事ができる自分を上司は認めてくれない、評価してくれない、会社を辞めて、結婚しよう！」などとなり、人生が大きく変わるのです。ですから中宮に入りましたら、有頂天にならず、慢心で足をすくわれないように、心してお過ごし頂きたいと願います。

五、火の象 離

秋の土用期間（毎年十月二十日頃～十一月六日頃）を終えた十一月七日頃に立冬を迎え、季節は冬になります。春には若草が萌え春の陽気に浮かれましたが、今はすべてが冬支度に忙しく寂しい風景です。冬枯れの中に小菊が愛らしく咲いているのを見て、つい私の散歩の足は緩みます。冷え込んできますので、家庭では急に温かい鍋料理が増えてくることでしょう。さて、今回は「離宮《りぐう》」についてお話しいたします。離宮は後天定位盤では九紫火星の定位で、南に位置しております。令和三年の年盤では一白水星を本命星に持つ人が離宮に回座しています。離宮は、陽の気が地上から離れて行き、陰の気に変わるところです。陰遁期・

陽遁期が入れ替わる時期の目安となる「夏至」もこの方位です。九紫火星は五行で火性に属します。激しく燃える炎の勢いから、万物を照らし顕現するという象意を持ちますから、離宮は善い事や悪い事すべてが表面化する傾向があります。各人が積み重ねてきた努力が周囲の人々に認められ、賞賛されたり、表彰されるなどの名誉を受ける人もいれば、その半面で、隠してきた悪事が露見して大変な事態に陥ったりする人もいる、というように悲喜こもごもの場所といえるでしょう。また、人との争いから、けんか別れになったり、公文書や印鑑の間違いが起こり易い時でもあります。離宮は南ですから、太陽に一番近いところ、太陽の明るい光に照らされ、日の当たる場所と当たらない場所がくっきり明瞭になります。グレーゾーンのない、白黒がはっきりし、妥協が許されない環境です。いわば光と影が相争い、気忙しく、激しい気の中に身を置くことになります。令和三年の今年、離宮に回座する一白水星の皆様は、衰運四期目の衰運期の中にいるにも関わらず、人々に賞賛され名誉を受けるような吉事もある、ほっと一息の年ではあります。しかし、一方、先に書きましたような凶事も起こり易いので心してお過ごしください。

六、地の象 坤

十二月という月は世の中の空気が変わる気がいたします。なにかせわしく、年内にいろいろ決まりをつけなければという「気」が漂い、おもしろいものでその「気」になって動きます。では、今回は「坤宮《こんぐう》」についてお話しいたします。令和三年の今年、この宮に回座しているのは、三碧木星を本命星に持つ人です。後天定位盤では二黒土星の定位ですので、その象意の作用を受けます。三碧木星の皆様は、盛運期の一期目ですから、昨年までの体調不良や、物事が思うようにうまく運ばなかったというようなことから徐々に解放されると思います。急速に好転するというのではなくゆっくりです。坤宮の過ごし方は、あくまでも縁の下の力持ち的存在になり、判断力も鈍る時ですから何事も人より前に出ず控えめに、目立たぬ言行と陰の努力が吉となります。季節的には晩夏から初秋に該当する坤宮はまだ甘味の無い果実を、身を挺して一生懸命味つけをするところです。また、時間は午後一時〜午後五時という、しっかり集中して仕事をする時です。ですから二黒土星の人は働き者なのです。どの星の人も坤宮に入りますと人のお世話をすることに関わったり、勤勉にならざるを得ない状況になり、よく働きます。地味で華やかさとは無縁ですが、翌年回座する震宮で大きく活躍できるよう準備開始の宮です。資金の無理が無ければ、土地、不動産の購入は吉です。吟味して購入すれば将来、非常に有利なものになるはずです。

七、沢の象 兌

ご承知の通り、気学での新年は、二月の節分の翌日の「立春」からになります。つまり令和三年は二月三日からはじまります。それまでは令和二年としております。それでは、今回は「兌宮《だぐう》」のお話です。令和三年の今年は、八白土星を本命星に持つ人がこの宮に回座します。後天定位盤で七赤金星の定位ですから、その象意を受けることになります。この宮の方位は西にあたり、季節は秋です。秋は、収穫の秋と云われます様に、お米は穫れる、果物は豊富、それをお金に換えますから収入にも恵まれます。美味しいものに溢れ、お金にも恵まれ、となると当然気も緩みがちです。その中で酒食の機会も増えますから、その席での異性からの誘惑に気持ちが揺れることでしょう。しかし、脇を甘くせず、その誘惑に軽々と乗らない様に気をつけなければなりません。なにせ、兌宮の「兌」という文字は蝉の抜け殻を意味しております。西は真っ赤に燃えていた太陽が沈む場所です。太陽は一瞬の内に山の端に沈み、あたりは闇に包まれます。楽しいことに浮かれて羽目を外すと、全てを失うという要注意の宮でもあります。また、衰運期の二期目でもありますから、夏の土用を過ぎた頃から「あれ？　物事がうまく運ばない、調子悪いかも……」と衰運期を自覚する宮でもあります。

若者は気力の減退を、高齢者は体力の衰えを感じる時でもあります。収穫の秋と云うことで衰運期の自覚があまりありませんが、実は決して浮かれて過ごしてはならない宮なのです。

八、天の象 ☀ 乾

立春を迎え、春の息吹を全身にまとう、そんな気分になる素敵な言葉の響きの「立春」。でも、春はまだまだ遠いと感じてしまう風の冷たさです。さて、今回は「乾宮《けんぐう》」です。令和三年の今年は、乾宮に回座しているのは本命星が七赤金星の人です。過去四年間の盛運期を過ごしてきましたが、そこで得た成果をしっかり「まとめ」なければならない年です。盛運期の名残りがありますから、まだひと頑張りできます。今まで努力し頑張ってきた人は、目上の人に認められたり、周りの人からの協力が得られ、職場での昇進、栄転があったり、商売の繁盛が叶ったり、大きな後ろ盾を得られる等々の好機となります。しかし、怠慢に過ごしてきてしまった人は、やたらとグループのトップに立ちたくなったり、頑固、独断的になり反感を買ってしまいチャンスを失います。いずれにしても、今年、七赤金星の方はあまり実利には結びつかないのですが、大変忙しく動き回る年になります。同会している後天定位盤、六白金星の象意「常に活動して息むことのない」という作用を受けるからです。七赤金星の方は、元々が他人に対して如才なく、社交的です。そこに更に気忙しさや焦りが加わり、どうしてもやり過ぎの傾向が否めません。今年は慎重な行動を心がけ、従順な態度と地道に真面目な努力を続けることが、幸運を呼ぶことになります。交通事故や高所から落ちるなどの怪我にも気をつけてお過ごしください。

九、水の象 坎

三月は、冬ごもりしていた生物が、陽気に誘われ土の中から這い出してくるという啓蟄節（節入り）と、太陽が真東から昇り、真西に沈み、昼夜が同じ長さの春分の日に始まる春分節（中気）からなっています。暑さ寒さも彼岸までといいますが、その通りなのが不思議です。さて、この章でお話しする「坎宮《かんぐう》」で全ての宮についてお話ししたことになります。坎宮は北になります。北は季節で言えば冬。時間は今日から明日へ変わる午後十一時〜午前一時。寒くて真っ暗です。ということは思うように活動できず、物事が円滑に運ばない状態なのです。後天定位盤の北に回座する一白水星の苦労、悩みという象意を受けて心身ともに悩み多き年と言えます。運気、体力、気力全てか弱く、したがって絶対に無理をしてはなりません。例えば、夜遅くまでの仕事や、風邪気味なのにおつきあいで仕方なく旅行に出かける等です。免疫力が弱まっているので、大病につながります。疲れたと思ったら即、休みましょう！　私も北にいた年、幸いこの宮の過ごし方を分かっておりましたので、大過なく過ごしましたが、後から聞くと同級生の何人もの人が体調が悪かったり、物事がうまく進まず大変だったそうです。しかし、悪いことばかりではありません。一白水星の別の象意「交わり、生む」を受けて、新たなお付き合いが広がり、新しい世界が始まる方もいます。ご商売や営業関係の方にはチャンスです。衰運期の最後の年であり、来年からの盛運期に備え、落ち着いて力を蓄える好機とも言えます。良い充電期間としてください。令和三年の今年は、二黒土星の方が坎宮におりますが、巽宮に出た時に大きな花を咲かせる三年先のご自分を想像して、じっくりと計画を立てる年にされると良いと思います。

第三章　気学の散歩道

一、土用

十月も半ばを過ぎると、日の暮れの速さ、空気の冷たさ、木々の色づきに秋の深まりを感じるようになります。過ごしやすい気候、あざやかな紅葉、晩秋の枯葉の舞う様子から、四季の中で「ロマンチックな秋が一番好き」という方は多いことでしょう。その素敵な秋の十月は土用月。鰻を食べる夏の土用丑の日だけではなく、土用は春夏秋冬、年に四回あります。十月は、その内の秋の土用です。土用期間は、後天定位盤で真ん中に位置する五黄土星が顔を出し、活発な作用を展開します。前の季節の気を殺し、次の季節の陽気を生み出すという、大変重要な働き、四季の調節と変化を司るのです。十月は、秋の気を消し、冬の気を生み出します。ですから、土用が終わると立冬（毎年十一月七日頃）を迎え、季節は冬に変わります。地中で五黄土星がこのような活動をしている土用期間の（十月二十日頃～十一月六日頃）の間は、皆様がお住まいの敷地内の土は、掘りかえさないようにくれぐれもご注意ください（動土）。五黄土星の主な象意が腐敗、死、自滅、病気などということでお分かりいただけると思いますが、五黄土星の殺気を吸い込み体内に入れてしまうことは大変危険です。体調を崩したり、怪我をしたり生活の中でのトラブルが多々起こります。私達が暮らすこの世界の森羅万象を形作っているものは、五行の木気・火気・土気・金気・水気ですが、木気は春・火気は夏・金気は秋・水気は冬、そして土気は年に四回活動する「土用」で五気になり、一年、三百六十五日が成り立っております。左図のように、四季の間に四回「土用」という五黄土星による大気変化が行われるのです。特にこの時期に体調が悪かったり、抵抗力が低下しているような方は、動土のみでなく日常にもご注意ください。

後天定位盤

4	9	2
3	5	7
8	1	6

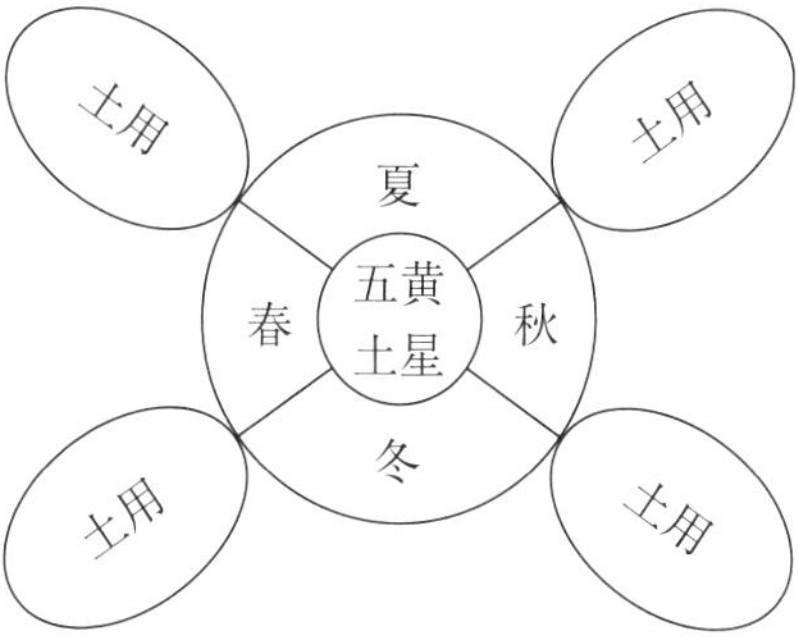

二、暦

　気学に親しみを持つにはちょっとした暦の知識が必要です。暦の語源は「日読《ひよ》み」、または「細読《こよ》み」ともいわれ、日を細かく読むことからきています。例えば、令和三年四月は、辰三碧木星中宮の月ですが、節気は清明節、中気は穀雨節という二つの大きな節から成っています。「節気」は節入りですから、この節入りから新たな月に変わります。そして、月の半ばで「中気」に変わります。令和三年は四月四日が「清明」ですから、四日を節入りといいます。このように気学では、四月一日からでなく四日からを四月とします。そして、四月二十日~五月四日までが中気の穀雨節です。そして、土用が終わった翌日、五月五日に立夏を迎え、巳二黒土星の月になります。このように節気を常に確認してください。また、節はひと月に二つずつありますから、一年を通して二十四節気になります。太陽暦では、地球が太陽の周りを一周する時間の長さを一年としました。太陰暦は月が新月から次の新月になるまでを一ヶ月としましたから、新月の日が毎月一日でした。旧暦というのは太陽暦と太陰暦を組み合わせた太陰太陽暦のことを言い、明治五（一八七二）年に「改暦の詔書」が出されるまで使われていましたが、以後、太陽暦（グレゴリオ暦）を使うことになり、同年十二月三日を一八七三年一月一日としたのです。ここでご参考までに、月の満ち欠けは次の通りです。

月の満ち欠けの一周期を朔望月《さくぼうげつ》といいます。

■新月から新月（朔望月）

新月  ←
朔日《ついたち》・月立ちの意味。ここから一ヶ月が始まる。
月と太陽が同方向の為、実際には見えない。

三日月  ←
夕方、西空に低く見える。東へ東へと進み、月の入りの時間が遅くなってくる

上弦の月  ←
夕方、真南に見える。右側だけが光った半月。

満月  ←
夕方からまんまるな大きなお月様が見える

下弦の月  ←
夕方は見えない。日の出頃に西の空に残っている
右半分が欠けた半円の月、残月
下弦以降、月は太陽に近くなり、その姿はまったく見えない。
これが「晦日《かいじつ》」＝つごもり

新月
晦日の翌日は新しい月の旅立ちの第１日。

このように、月の満ち欠けを基準にしたものを「太陰太陽暦」（旧暦）といい、「太陰暦」、または簡単に「陰暦」と呼んでいます。中国で発達した太陰太陽暦は元来農耕用でした。十二朔望月（月の満ち欠け）の長さが一太陽年（太陽が春分点からはじまり、春分点まで帰ってくるのに要する長さ）より一年で約十一日短く、三年間で一ヶ月の誤差が出てしまい農耕にとって不都合が生じたのです。そこで、暦と季節との関係を一致させ、役に立つものとする為、季節の標準となるものを暦に書き込んでおくようになりました。それは、冬至より始めて一太陽年を二十四等分した時点に特別な名称を書き込むことでした。これを二十四節気といいます。

三、夏越《なご》しの祓《はらえ》・年越《としこ》しの祓《はらえ》

六月の声を聞くとそろそろ梅雨入りです。この季節、房総半島から伊豆半島あたりでは、梅雨の季節に吹く湿った南風を「流し」と言います。とくに茅花《つばな》の白い綿の穂に吹く風として茅花流しとも言うそうです。いまでは考えられませんが、田舎育ちの私は、この茅花の白い穂をはじめ、野や山にあふれる木の実をたくましく食べて育ちました。その結果、野生味溢れる人間になっています。六月は、お正月から、もう半年です。大半の人は、一年の後半に向かうという気持ちになるのではないでしょうか。あちこちで半年の区切りのような行事やならわしがみられるのも折り返し月だからこそでしょう。その行事の一つに、神社では夏越しの祓があります。六月三十日（晦日）と十二月三十一日（大晦日）には罪や穢れを落とすための大祓の行事がありますが、六月の大祓は夏越しの祓、十二月を年越しの祓と呼んでいます。現在でも、大祓の神事は宮中はじめ、あちこちの神社で行われます。特に京都の上賀茂・下鴨神社の大祓、大阪の住吉大社の夏越しの祓がよく知られています。夏越しの祓は、茅草でつくった輪が立てられ、茅の輪くぐりを行います。それにしても、子供の頃、食べていた「つばな」が成長して茅の輪の材料になっているとは驚きでした。また、もう一つ「年の区切り」があります。それは一年を大きく分けると陽遁期と陰遁期に分かれます。植物に例えてみますと、小さな双葉として芽を出したものが、グングン成長し、立派な枝葉を付ける。樹木としての体裁を調え立派な木となり成長が止まる。そして、元気な緑の葉に混じり、色の変わった葉も出てきます（陽遁期→陰遁期へ移行）。その木は実をつけ始め、その実が甘味を増し、成熟する。すると、人々はその実を味わい悦び、また収穫し金銭を得る悦びも手にする。しかし、楽しい時は過ぎ、しだいに冷たい、厳しい季節になり、木に残っていた果実も木枯らしに切り落とされる。地面に落ちたその中のいくつかは、地中に取りこまれ種になる。種は地中で成長し、季節を待ち、ふたたび地上に双葉となり芽を出す（陰遁期↓陽遁期へ移行）。

そして、また新たな一年の営みが始まります。ざっと一年の巡りを書きましたが、二つの期の変わり目の「目安」は冬至と夏至です。令和三年六月二十一日は夏至ですが、夏至に一番近い「甲子九紫火星の日」を文末の暦で探してみてください。その日が陰遁期の始まりの日です。七月十五日がその日です。また、陰遁期から陽遁期に変わる日は、冬至に一番近い「甲子一白水星の日」です。令和四年一月十一日に陽遁期が始まります。夏至、冬至のその日が陽遁期、陰遁期への変わり目の日ではないことをご確認ください。

令和３年６月

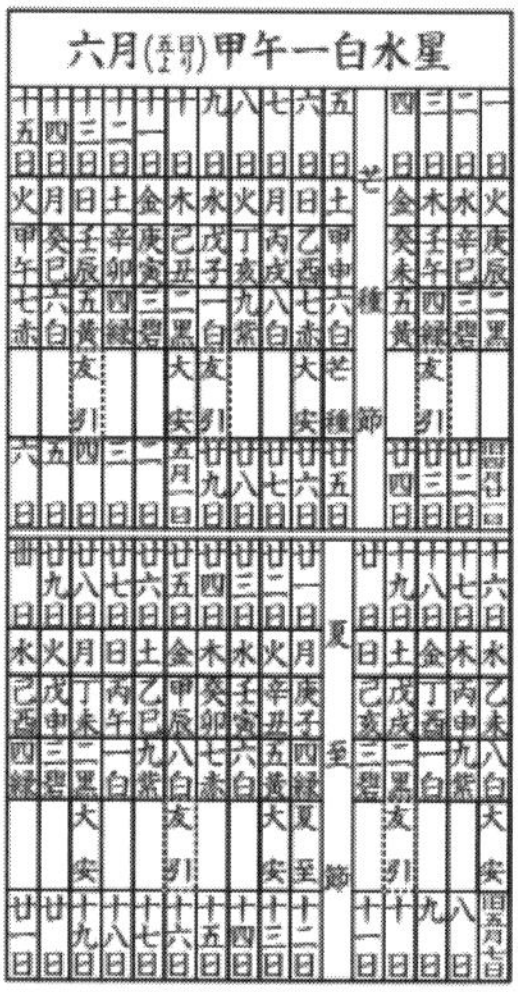

令和３年７月

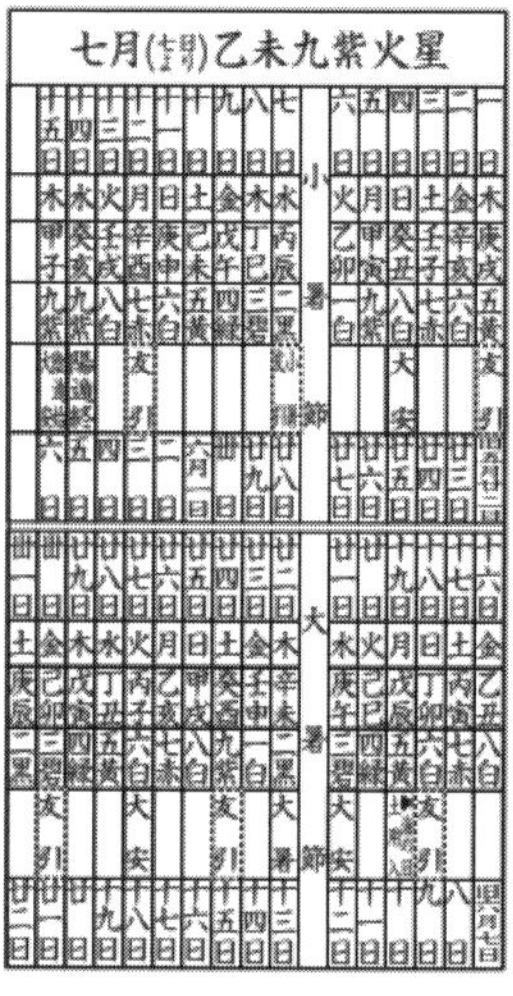

四、北斗七星

七月は、二十四節気の小暑（節入り）と大暑（中気）が配されています。小暑は梅雨が明け、本格的に夏になる頃。小暑までに出すのは梅雨見舞い、小暑から立秋になるまでが暑中見舞い、立秋以降は残暑見舞いになります。令和三年七月十九日には夏の土用に入り、前の月の六月二十一日の夏至を境にだんだんと日脚は短くなり始めますが、太陽の日射しはしだいに強さを増していき、いよいよ七月二十二日からは「大暑」真夏となります。ところで、令和三年の土用丑の日は、七月二十八日・丁丑五黄土星の日です。夏の暑い日、流れる汗を拭きながら歩いていると、鰻屋さんの店先からうなぎを焼くあの美味しそうな匂いと、うちわで送られてくる煙で食欲をそそられます。また、うなぎはビタミンAやDが豊富で栄養満点とされ、夏やせによいと万葉集に登場するほどです。でも、本当はこの時期より、冬眠を間近に、養分を蓄える晩秋から初冬にかけての方が栄養面も美味しさの面からも勝るようです。

さて、花火大会もこの時期の代表的な風物詩です。華やかな花火に、空の星達は影をひそめます。星といえば、四千年も前から、中国では太陽や月や星の観測を始めていました。黄河の流域に絢爛たる文化を築き上げたのは漢民族です。彼らは星によって季節を知り、農作業の時期を知ったのです。星の中で特に季節を知る指標となったのは、北極星と北斗七星です。北極星は永久に位置を変えない不動の星として信仰が厚く、天の中枢にあるとして、天帝のシンボルとされてきました。ちなみに現在、私達が使っている地図の北は北極星を指しています。宇宙を支配する最高神は天帝であり、天帝の命に従って天下を治める天子は、天体を観測して人民に時を授けることが務でした。そのために中国では古代より天文学が早くから生まれ、前述した通り四千年も前から宇宙の観測を始めていたのです。天帝は、帝車に乗って、中央をめぐり、四方を治め、陰陽を定め、四季を立て、五行を動かして天界を統治しました。天帝北極星の乗る車＝帝車が北斗七星であり、北極星すなわち天子を取り巻く最も近い星の代表が北斗七星であって、その数が七つ、ここに古来より中国が七を聖なる数としてきた原点をみることができます。

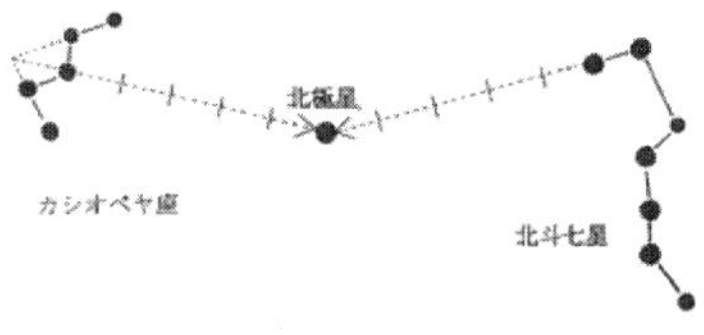

北斗七星は斗《ひしゃく》の形をしていて、その尾の部分が指す方向を「月建《げっけん》」といい、月建を十二支に割り当てて、暮六つ（夕方六時）の頃、月建が寅の方向にある時を寅月としました。古代中国・夏《か》の時代に制定したといわれるこの月建寅「月、寅を尾指《おざ》す」を正月とするしきたりがそのまま日本にも採用されて「正月は寅月」という原理が現在でも太陰太陽暦を使う人々によって引き継がれています。ご参考までに月建は、冬至の頃には真下（北の方

角）を指します。ということは北斗七星全体が真っ直ぐに「建っている」状態です。

気学では年盤上の十二支方を太歳方と言い、その対中には歳破が付きます。それと同様の考え方で、その月の月盤の十二支方をあまり聞き慣れない用語ですが「月建」に当てはめてご理解ください。尚、月建の対中には必ず「月破」が廻ります。

五、雑節《ざっせつ》

八月は、秋田県大仙市大曲での花火大会、富士山のお山じまいの祭りとして知られる吉田の火祭り等々、夏祭りが各地で開催されます……、例年ですと、こんなニュースがテレビやラジオから流れてくるところですが、コロナの影響で、昨年令和二年の夏は、ほとんどの行事が中止となってしまいました。お祭りを追ってあちこちご旅行予定の方もいらしたことでしょう。また、毎年、お盆の風物詩ともいえる、帰省による大渋滞の情報が盛んでしたが昨年はそれもありませんでした。全部無しになりました。なんて寂しい夏だったことでしょう。しかし、唯一、自然は人間界で起きている変化などお構いなしに、いつも通り規則通りの営みを展開しております。春には桜や桃、色とりどりの花が咲きほこり、まさに桃源郷、夢の世界です。続いて光り輝くような緑の若葉が続き、そのあとの梅雨、梅雨が明ければ、にぎやかな蝉の鳴き声等々季節が間違いなくきちんと移って行きます。それが私達になによりの安心と勇気を与えてくれます。変わらないものがあるのだから「大丈夫」と自分を奮い立たせることができます。

このように季節が移って行く際に、日本には「雑節」という暦日があります。旧暦では一年を通し、二十四節気のほかに特別な暦日を設けていて、二十四節気の補助的役目として使われています。雑節は生活に合わせて作られ、とりわけ農事に深い関係を持っているものが多いのが特徴で、生活感のあるせいか大変興味深いものばかりです。繰り返しになりますが、生活の中から自然発生的に芽生えたものですから、当然、実生活に役立ち、しっかり生活に根差しております。また、雑節は二十四節気や五節供（句）のように中国から伝わったものではなく、日本人の生活文化から生まれた日本独自のものだということをぜひ皆様に知っていただきたいと思います。従って、なんともいえない風情があるのは当然といえるでしょう。貴族や武家の儀式ではなく、主に農作業と照らし合わせた季節の目安となっており、日本の気候風土に合わせてあるため、庶民の中で、長い間に培われてきた知恵と経験が集約されたものです。

八月は、暦の上では、秋の気配が立ち、暑さがおさまる頃とされている立秋・処暑という二十四節気がありますが、昨年令和二年は、同じ八月節に雑節の二百十日《にひゃくとおか》があります。例年、たいていは九月一日です。立春から数えて二百十日目が二百十日とされているからです。ちなみに、令和二年は閏年でした。閏年は、八月三十一日が二百十日にあたります。

二百十日には台風や、大風が吹くとされ、八朔《はっさく》(旧暦で八月一日)、二百二十日《にひゃくはつか》とともに、農家が恐れる三大厄日とされています。厄日とはこの場合、災いがあるということではなく、「荒れ日」ということです。稲の収穫の頃に台風が来ては大変と、暦は呼びかけます。また、人々は台風や大風が吹かないで欲しいと願い、風を鎮める意味の行事を持ちました。富山県富山市の「おわら風の盆」など「風を鎮める意味の祭り」がよく知られています。男踊り、女踊り、それぞれ手先まで美しい、魅力的な動きで、哀調を帯びた胡弓の音とともにロマンチックな夜の祭りを演出しています。これからも、生活の中に季節を感じながら雑節の意味するものをよく理解し、日々の生活を大切に過ごしたいと思います。

※二十四節気と雑節については、巻末の表をご覧ください。

第四章　時々の想い

一、十人十色

人は、その人なりの「柄」をもっています。「柄にもなく……」という言葉を人はよく使いますが、この言葉は、そのことを裏付けています。その人の持って生まれた気質、雰囲気、容姿などすべてをひっくるめたものがその人の「柄」になるのでしょう。人は似合わないことをすると失敗しがちですから、身につかないことは、敢えてしない方がよいのです。その代わり、ご自分に似合う柄を見つけ、自信をもって着こなすことです。人が素敵な洋服を着ているから同じものを着るなんて、そんな自分の魅力を打ち消すような愚かなことは止めましょう。その洋服は、その方の雰囲気にマッチしていたから素敵なのです。ところで、あなたの持つ柄はどんな色や模様なのでしょうか？　誰でも、好みの色や柄があります。友人関係、夫婦関係、自然に皆自分の柄に合うか合わないかで選んでおりませんか？　間違ってもストライプにチェックというアンバランスな組み合わせはないでしょうが、まれにはみられ個性的な魅力を放ちます。柄は気質など含めたものと先に書きました。それでは、その気質についておおまかに触れてみますが、気学では生まれた年の九星を本命星といいます。その九星で言えば、この星でしょうか。

☆冷静で慎重に物事を運ぶ人（一白水星）
☆自分のことより、他人のお世話に時間を割く人（二黒土星）
☆どこまでも突き抜けている活発な人（三碧木星）
☆人間関係を上手に調整できる人（四緑木星）
☆いつでも人の輪の中心になる人、あるいは自然になってしまう人（五黄土星）
☆持って生まれた清明な気で不正を許さない人（六白金星）
☆豊富な情報と話術で場を盛り上げる人（七赤金星）
☆地味で頑固だけど頑張り屋な人（八白土星）
☆誇り高い華やかさで人の目を引く人（九紫火星）

気質とは不思議です。気学を学んだ人はお分かりですが、誕生したその時に吸った「気」で本命星が決まり、当然気質も定まり、一生のお付き合いをすることになります。ですから、その自分の気質を理解し、気に入ってあげて、よくブラッシュアップをし、いつも素敵にみえるように大事にして行かなければなりません。言い換えれば、ご自分を愛し、ご自分を高め、ご自分に自信を持つことです。すると、あなたは他人を羨むこともなく、与えられたもので満足し、周囲の人々に感謝できるはずです。ご自分のことを冷静に分析し納得しているあなたは輝いて見え、とても素敵です。他人と自分を比較せず、自分らしさで暮らしている人はなんて素敵でしょう。いろいろな人があなたの周りにいます。その関わりのある人達との日常を大切にしながら、自分に似合う柄をわきまえ、ということは、当然自分に似合わない柄も分かっているはずですから、その中で、のびのびと自然に振る舞い、共にこの世界を存分に楽しんで過ごしてまいりましょう。

※あなたの本命星は、付録　本命星一覧表をご覧ください。

二、レディー チャーミング

日曜日、都内へ電車で向かう時でした。

私の乗った次の駅から、ややご高齢の一組のご夫婦が乗って来られました。

薄いピンク系のスーツが細身のお身体によく似合っておられました。

その奥様のなんとチャーミングなこと。

備わった笑みです。

電車に乗る際にも、微笑みを浮かべながら軽く会釈をして乗って来られ、柔らかい笑みは絶やしません。

その奥様の横に優しそうなご主人……とても素敵。

こんな素敵な女性がいらっしゃるなんて、
私はすっかり優しい気持ちになっていました。

この方は、どのようにお子さんを育てられたのかしら？

ご主人には、毎日どのようなお気遣いをされるのかしら？　お料理は？

想像はどんどん膨らみます。

「いつまでも少女のような」の象意がある七赤金星の方、あるいはノーブルな四緑木星の方、かしら？

五行を同じくする比和の六白金星と七赤金星の違いを思い、一人可笑しくなります。

六白金星は飾りっ気なく、表情は堅い。その真逆のように愛敬やおもてなしの七赤金星です。

すっかり可愛らしさが影をひそめてしまったわが身を恥じながら、素敵なレディに出会えた特別な一日に感謝！

三、『気』がつきましたか？

毎日、私は犬の散歩をしています。散歩というと優雅でのんびりしたものを思い浮かべられるでしょうが、実は、とんでもない激務なのです。フレンチブルドッグのマイペット「ロビン」はご近所でも評判の元気犬。ラグビー選手のような体格を思わせる厚い胸板を持つ力持ち。そんな子に、小一時間も、朝に晩に引っ張りまわされる私達家族は、もう大変。実は、その苦もあり楽もありの散歩中によく落とし物を見るのです。手袋、靴、鍵いろいろ「?」マークが付くものもあり、落とした状況を想像したりしてなかなかです。でも、いつも思うのですが、人の手を離れてしまったものは、すでに「生気」がなくなってしまっているので、ただの「物」であり、ひどい言い方をすれば「汚物」でしかないということです。公衆トイレ等で流されずに残った排泄物は正視に耐えない汚物です。つい、さっきまで人の体内にある時は、汚物として認識されていなかった筈です。道具は、人の手の中にある間は、薄汚れていても、古いものでも、持ち主の生気が行き渡っているので生き生きとして大切にされています。人間の場合はどうでしょう？　病に苦しむ人の身体をさすったり、手を握ったり抱きしめたり、必死に看病します。しかし、息を引き取られ生気を失い、もはやご遺体となった人と向き合う気持ちに、ある変化が起こるのは否めないことなのではないでしょうか？

私は、母が亡くなった直後、病院で母と二人きりになった時、あろうことか「早く誰か来てくれないかしら？」の思いから、母のお化粧に心を込められなかったことを今でも後悔しております。私事はさておきまして「気」については、日頃よく考えます。気は見えないけれど、私達は気の作用を受けて生活していることを身近な実例から実感しています。年盤・月盤に遁行する九星が後天定位盤の象意通りの現象をみせる不思議さ、気の流れの確かな存在を認めざるを得ません。だからこそ、私達は気学を学んでいます。ある「風の会」で「なんで神様なのに、暗剣殺とか五黄殺とか私達に罰をあたえるのですか？」という、とても良いご質問を受けました。

「神様が罰を与えるんじゃなく、『気』の流れなの。気の流れに逆らってはだめなのよ」「気の流れを読めないから凶作用を受けてしまうの」と私。「気」は「機」であり、よい機会を読み、しっかりそのチャンスをとらえ、気学を活用することにより、夢を実現させる一助にして頂きたいと思っています。また、凶方位を知り、それを回避して行く事も大事です。何があってもいつも生気溢れる「眼」を持って生活していきたいと思う日々です。さて、今まで高いびきをかいて寝ていたロビンが、私のお菓子に気付き近寄ってきました。おやおや、「気」がつきましたか？

四、山あるき

上高地や尾瀬は山とは言わないでしょうか。でも、尾瀬の三平峠では、かなり大変な思いをしました。当時、七歳の長男と五歳の長女を連れ、家族で山小屋に一泊しての帰り道、元気にピョンピョン跳ねるように歩いていた長女が突然歩かなくなりました。尾瀬沼のほとりでピタリと止まってしまいました。もう一歩も動きません。仕方なく、夫と交代でおぶって進むことになりましたが、選んでいた帰りのコースは、尾瀬では一番きついと言われる三平峠でした。木の根っこが進路を横切る山道を、子供を背負いよじ登ったり、下ったり。若かったので出来ましたが、とんだ災難でした。でも、四季折々に何回も訪ねた尾瀬、あの風景が懐かしくてたまりません。七十歳を過ぎた今でも鳩待峠か沼山峠からなら入れそうな気がしておりますが、はたしてどうでしょうか。私がはじめて、登山をしたのは福島県の安達太良山です。高校二年の時、山岳部の主催で若い顧問の二人の先生に引率され、鉄山始め四つの山を越え山小屋に到着しました。有名な「くろがね小屋」でした。登山の経験も訓練もしていない私が参加したのは、高村光太郎の『智恵子抄』「あどけない話」の中に、

智恵子は東京に空が無いといふ、

ほんとの空が見たいといふ。
（中略）
阿多多羅山《あたたらやま》の山の上に
毎日出ている青い空が
智恵子のほんとの空だといふ。
あどけない空の話である。

を読み、その空を見てみたいと思っていたからです。智恵子さんに憧れていました。初めての山小屋、広い空、納得の山デビューでした。

また、上高地も神様が創られた風景にしか思えません。どうして、あんなきれいな水が流れているのでしょう。大正池、梓川、河童橋、美しいものに溢れています。穂高連峰からの冷たく澄んだ雪解け水を梓川が運びます。その穂高連峰を映す田代池を優しい木々が守っているようです。私は、この田代池がとても好きです。池の水をそっとさわったり、いつまでも、いつまでもここに佇み、池を眺めていたいと思わせる、私には夢のような場所です。この感覚は、桜の美しさを味わっても、味わっても辿り着けない奥深い幽玄な美しさと同じものを感じます。上高地は、バスが入っているので行きたいと思えば行けそうですが、尾瀬は自分の足だけが頼り。いつまでも歩けるように、せっせと足を動かすことに励んでいますが、そう思うことがすでに老化かと少し情けなくなったりもします。

あの神々しいまでの風景に会いに、そして、自然が作り出す「浩然の気」に包まれたいと思うこの頃です。

五、価値観の違いは五行でも？

例えば、土性の人は、物事の判断の基準を現実的、実利的、損得に敏感とするでしょう。しかし、火性の人は、すべての判断の基準を自分のプライド、メンツとし、それが華やかさに通じるものとなるのでしょう。速くこの面倒な問題に白黒をつけてしまいたい。中途半端なグレーの状態に身をおくことは苦手です。そして、自分のプライドをとても大切にします。この気質の違いを大変面白く感じます。土性の人にとっては、どうでもよいこと、気にならないことがどうしても譲れない火性の人の気質。考え方の軸になるものが本命星によって、こうも違うものかと改めて驚くと同時に、それを興味深く、面白く感じています。そのことに並行して、どうしても相容れない気質の違いの妙、また凄さをしみじみ思います。木性の人は、土性の人はどうして物事をあんなにいつまでも捏ね繰り回すのかと不思議がるでしょう。金性の人は、土性の人を切れ味が悪くゆるいと感じるでしょう。もっとおしゃれして、最先端の携帯を持って軽やかな会話を楽しみましょうよ、もっとはしゃいで、生活を面白がろうよ、と。水性の人は、土性の人を、おおまかであまり突き詰めて考えない人、几帳面でない分おおらか、あるいはいい加減だと思うでしょう。どうして、もう少し几帳面にきちんとできないのかしらとイライラ気味。五行によって価値観の軸になっているものの違いをちょっと探ってみました。

六、私の住む家

私は、光あふれる家に住んでいます。

二階へ上がる階段は、夜の内に点けた照明を消し忘れているかと思うほど明るく、階段を登り切ったところの小さな窓から朝陽が差し込みます。

今年は令和三年ですから、ちょうど十年程前に建て替えた家です。

建て替え中の仮住まいは、方位をみて、乾方位にアパートを借り、巽方位に帰ってきました。幸いに行きも帰りも天道生気の方位を使うことができました。

凶方位を冒してしまう怖さは分かっているので慎重に準備しました。


余談ですが、三ヶ月余り住んだ仮住まい先では、不自由な中でも愉快な体験をしました。私達の部屋の上には、兄弟と思われる若い男性二人が住んでいました。いつも洗濯物をとっても上手に干していて、お母さん直伝かと感心していましたが、彼らはフリーターのようで、某カレー店のバイクに乗って毎晩遅くに帰って来ました。そして、深夜に二人でギターを弾いて大きな声で歌いだすのです。曲目は「森のくまさん」深夜に大きな声で辺りを憚ることなく歌うことと曲目にビックリ！　住人もなれているのか、何のトラブルも起きません。お向かいの住人は、店屋物をよく取るので、出してあるお皿の名前をみて、この店は出前をするのね、とチェックさせて頂いたり。また、別の部屋にはインド人の家族がいて、サリーを着た奥様が、にこにこ微笑みかけてくれました。

さて、二回の引っ越しで大変でしたが、出来上がった新居、なんて気持ちがよいのでしょう。とても気持ちが落ち着きます。家相は、松田統聖先生の理論である主に水回りの三備に気をつけ、他もポイントだけをチェック。何より気の流れの良い家が目標でした。それは、動線が良く、動きやすいストレスのかからない家です。たとえ吉家相でも使いにくかったり、気の流れが滞るようでしたら失敗です。いつも教室で皆さんにお話ししている「気学をおおらかに使いましょう」そのことを実践しています。

七、ひとつのいのち

ロビンが死んでしまいました　命には限りがあり
大切なものが目の前から消えて行く悲しさを知りました
一日一日を大切に生きなければなりません

心を通わせていました
朝、晩の散歩も無くなりました
けれど、散歩コースを一人で歩くと
ロビンに話しかけている
たまらなく懐かしい

私がいるところに、いつもいた
車で出かけると分かると、大喜びで飛び乗った
いつも運転席の私の隣に、丸くなって大人しく座っていた

でも、思ってもいなかった……
十歳になったばかりで悪性リンパ腫を発症
三度の手術を受けた

病気がしだいに進行し、
ある日から車に飛び乗ることができなくなった
あのすごいジャンプ力を誇ったロビンが……

その時、ロビンの体温を感じられる日が残り少ないことを知った
抱いて車に乗せる
散歩の時間も短くなり、寂しい

あんなに好きだったおむすびがうまく飲み込めなくなってしまった
私は泣いた
十一月、晩秋のある朝、動かなく冷たい
温め、名前を呼びつづけた、体が動いた
意識が戻ってくれた
私は、軽くなったロビンをそっと抱いて二人で朝日を享けた

「ロビンの大好きなお外だよ、毎日お散歩に行ったね、
楽しかったね〜、ロビン！　可愛いね〜」
じっと私の目を見ていた。

そのあと、まもなくロビンの命は終わった
ひとつの命が終わってしまった
本当に、命に限りがあることを
可愛いロビンが、私に教えてくれた

散歩用に買い替えたばかりのスニーカーも
出番がなくなってしまった

お世話になった動物病院の
看護師さんが描いてくれました。

終章　しあわせの扉

「しあわせの扉」というものがどこかにあります。

その扉を開けると、色とりどりのバラの花が咲き乱れ、澄んだ空気、何ともいえない柔らかい優しい気に包まれ、思わず微笑んでしまうような幸福感に満ち溢れます。

幸福感……それは孟子の説く「浩然の気」と共通するような気がいたします。浩然の気は天地にみなぎっている、万物の生命力や活力の源となる気。

物事にとらわれない、おおらかな心持ち、とされていますが、私にも、過去に無上の幸福感に満たされた経験があります。

それは、中国からの帰りの全日空機内のことでした。

オリンピックが二〇〇八（平成二十）年に中国、北京で開催されることになり、中国が大きく変わろうとしている二〇〇六（平成一八）年六月、旅行会社を通して、中国人の通訳を頼み「次兄を探す旅」に出発しました。行く先は中国です。

現在、千葉県内に住む姉、弟、妹、私の四人で、満州奉天で、命の穂を享けながらもこの世に生まれ出ることが出来なかった私達のもう一人の兄弟に会う為です。父は軍属で技術者として満州に渡っていました。

満州（現中国東北部）と言えば、真っ赤で大きな太陽が大地に沈んでいく地「満鉄」「満映」「ヤマトホテル」「特急あじあ号」というのが、満州という時代の光を象徴する言葉ですが、敗戦時の「満蒙開拓団の集団自決」の悲劇や「敗残者としての母国日本への逃避行」「シベリア抑留」「引き揚げ船」などの言葉は、代表的な負の側面です。満州と言う時、幼い頃その地に暮らした昭和の人は、独特の感情を込めて語ります。ノンフィクション作家の澤地久枝さん、俳優の宝田明さん、作詞家のなかにし礼さん、漫画家のちばてつやさんをはじめ多くの日本人同胞が人間として極限の状況と言われるほどの逃避行の果てに母国日本にたどりついています。

同時期、奉天（現瀋陽《しんよう》）に住んでいた両親は、一九四五〜一九四六年頃（昭和二十年〜二十一年頃）、日本への引き揚げの混乱の中にいました。その時には、現在七十七歳になる私の兄が、当時三歳でした。そして、現在七十四歳の姉は一歳で、しかも栄養失調で非常に危ない状態でした。そして、母のおなかには、もう一つの命が。姉を諦めるか、おなかの子を諦めるかの選択しかなく、月が進んだ中での掻把を選んだのです。男の子だったそうで、父が近くの寺院の敷地内に埋めました。なんとも乱暴な、今では考えられない話ですが、ご容赦ください。私はどうしても、いつかこの世で生きられなかった「次兄」に会いに行きたいと、父に、そのお墓にあたる場所を詳しく何度も、何度も聞きました。父によると、遼陽《りょうよう》（瀋陽の隣町）駅を降り、真っ直ぐな道を行くと、じきに左側に大きな寺院がある。その境内に石で出来た高い塔があり、その下に埋めて来た、と言うのです。その後、両親は、長男、長女を連れ、おむつだけを持ち、全てを捨て、命からがら引き揚げ船に乗り、一九四六年（昭和二十一年）七月に父の生家である千葉県夷隅郡の家に帰って来たのです。

その父の記憶を頼りに、六十年後、その地「瀋陽」を私達は尋ねました。兄弟姉妹全員で行きたかったのですが、あいにく、兄は仕事の都合で来られなかった為、四人になりました。私から下の三人は内地で生まれていますから初めての地ですが、姉は奉天で生まれているので帰巣の感があったのではないかと想像します。

瀋陽のホテルに落ち着き、初日から早速、通訳の王剣峯さんに連れられて、日本領事館がある瀋陽の町に出ました。すると、近代的なホテルが建つ隣に、レンガ造りの平屋の建物があり、そこが、両親が暮らしていた官舎だというのです。驚いたことに、まだその時には現地の方が住宅として使っておりました。オリンピックに向けて壊されるようですと説明され「間に合った！」と今回旅を決行したことを喜びました。隣の立派なホテルは、父が勤務していた軍の計器班の建物跡に建ったホテルだそうです。ホテルの玄関前にその説明を書いたプレートが置かれていました。
すべて、王さんが私の書いた情報をもとに事前に調査し、案内してくれたのです。

生前、話し上手な母が奉天の町の様子を時々話してくれました。夕方になると仕事を終えた人々が、ラクダを引いて帰って行く。その大地を照らす真っ赤な夕日の中、アカシアの花びらがハラハラと舞い、何ともいえない素敵な風景だったと。ラクダの鳴き声、山羊の声を野太くしたような声まで真似して話すのでした。できれば私はそのアカシアの花の咲く五月に行きたかったのですが、残念ながらその季節から一ヶ月遅れ、アカシアの花を見ることはできませんでした。

その日、もう一か所、王さんに頼んで連れて行ってもらいました。九・一八歴史博物館です。一九三一年（昭和六年）九月十八日夜、奉天（現瀋陽）郊外の柳条湖で、旧日本関東軍が旧南満州鉄道の線路を爆破した「九・一八事変」（日本では柳条湖事件のことであり、満州事変の始まりとなった事件）が起こりましたが、博物館はその事件発生現場に建てられています。「九・一八事変」の歴史を次世代へ「歴史を忘れず平和を大切にする」ことを伝えるためとして「九・一八事変」の六十周年記念日に開館したもので、事変を伝えた九月十八日の新聞を建物の外壁に刻んである独特な建物でした。記念碑前にある釣り鐘には「勿忘國恥」（国の恥を忘れるな）と刻まれていました。旧日本軍による中国東北地方の支配、抗日戦争についての解説や写真や資料、遺品の他に細菌兵器の開発を進めた旧関東軍防疫給水部（七三一部隊）の人体実験場を再現した大型模型も展示されていて、何とも言えない難しい気持ちを抱えてしまいました。通訳の王さんが「本当に行きますか？　いいのですか？」と何度も念を押して聞いてきた理由が分かりました。

そして、滞在二日目、王さんが運転する九人乗りの車で、いよいよ瀋陽の隣町の遼陽に向かいました。道中、私は中国では絶対に車の運転は出来ないと思いました。走っている車という車が日本では見られない様なスピードと過激な運転で、周りの車がいつ接触してくるかと心配で、四人は身を固くして乗っておりました。事故に遭った場合、歩行者の責任だそうです。これも異文化かと思いながら無事に遼陽に到着できた時には胸を撫で下ろし、王さんの示す方向に向かい、歩きはじめました。

すると、父が言っていた「駅から真っ直ぐな道」があったのです。五分も歩かない内に、左手に寺院が見え、話の通りだったことに皆で驚きました。

聞いていた石作りの大きく立派な塔も間違いなくありました。私にとっての次兄はここに六十年間眠っていたのでした。悪いことと承知で、塔の近くの石と砂をほんの少し袋にいただきました。ローソクとお線香を求め、お参りしました。

皆、言いようのない充足感で心が満たされ幸せでした。現在、次兄は私の実家のお墓の中に安心して眠っています。

※遼陽の寺院は広祐寺・塔は白塔です。

通訳の王さんに心から有難うございましたと感謝し、二泊三日の中国の旅は終わりました。

すると帰りの飛行機内で、私は不思議な体験をしました。

冒頭に無上の幸福感と書きましたが、次兄が私の傍にいるのです。飛行機に乗って一緒に日本に向かっていたのです。その時の私の幸福感は今まで感じたことのないものでした。ふわ～っとして柔らかく、温かく、やさしい色に包まれていたのです。私の顔もしあわせに輝いていたはずです。


実は、この中国行きの話の発端は、ある日、私が夢を見たのです。高校生らしき私が、家族に向かって「うちは五人兄弟だね」と言ったのです。今もって何故この言葉が出たのか分かりませんが……、すると、柱の陰に高校生らしき制服を着た男の子が見えました。チラッと半分顔が見える状態で立っていて「僕もいるよ」とだけ言ったのです。

翌朝、家族にその話をすると、満州で亡くなった次兄がきっと「僕のことを忘れないで」と言っているに違いない、皆でいつか、会いに行かなければという話になりました。

そんな話から何年か経った、二〇〇六（平成十八）年に、ようやくこの中国行きが実現したのです。二〇〇八（平成二十）年の北京オリンピックで開発が進んでいるという報道で、早く行かないと瀋陽（旧奉天）の風景が変わってしまい、兄を探すことが出来ないという危機感がありました。満州に眠っている兄弟の場所を探したい、会いたいという思いを募らせた旅でした。通訳の王さんは、とても良い方で、本当に親身になってよく調べていてくださいました。そのお蔭で、奇跡的に亡兄と会うことができたものと感謝しております。

両親から内地への引き揚げの時の話は聞いていましたが、次兄のことをあまり気に留めることもなく過ごしており、日々の生活の中では、ほとんど忘れていました。夢の中に出てきて、はっきり「僕もいるよ」と言ってくれた事で次兄を家族の一員として意識するようになりました。考えようによっては、次兄の命は両親、長兄、長女の引き揚げと帰国が引き換えになったのではないでしょうか？　両親が帰国できたので、今の私が生命を得たのではないでしょうか？　父が埋めたという場所に立った時「たった一人で、寒さ厳しい中国の大地の中に、一人でずっといたんですね、ごめんなさい」と心の中で詫びました。あの時代に生を享け、でも生きられなかった次兄。多くの戦争の犠牲者の中の一人です。心を込めて言いました。「さあ、一緒に日本に帰りましょう」

十五年前、次兄を伴い飛行機に乗って帰ってきた、あの時の温かい幸福感、充足感は忘れられなく、身体中で覚えています。

「浩然の気」とは、高みのものではなく、私達の何気ない生活の中にあるのかと思っております。その気を感じ取れる感性を大切にし、また柔らかな心で日々暮らして行くことが叶えばこれ以上の幸せはありません。

完

付録

二十四節気
七十二候
雑節
本命星一覧表

春

二十四節気《にじゅうしせっき》	七十二候《しちじゅうにこう》		
立春《りっしゅん》 春の兆しがあらわれてくる	初候	**東風凍を解く**《とうふうこおりをとく》	暖かい春風が吹いて、川や湖の氷が解け出す
	次候	**黄鶯睍睆く**《うぐいすなく》	春の到来を告げる鶯が山里で鳴き始める
	末候	**魚氷に上る**《うおこおりにあがる》	暖かくなり湖の氷が割れ、魚が跳ね上がる
雨水《うすい》 降る雪が雨へと変わり、氷が解け出す	初候	**土脈潤い起こる**《どみゃくうるおいおこる》	早春の暖かな雨が降り注ぎ、大地が潤い目覚める
	次候	**霞始めて靆く**《かすみはじめてたなびく》	春霞がたなびき、山野の風景に趣が加わる
	末候	**草木萌え動く**《そうもくもえうごく》	やわらぐ陽光の中、草木が芽吹き出す
啓蟄《けいちつ》 陽気に誘われ、土の中の虫が動き出す	初候	**蟄虫戸を啓く**《すごもりのむしとをひらく》	冬ごもりしていた虫が、姿を現し出す
	次候	**桃始めて笑う**《ももはじめてわらう》	桃の蕾がほころび、花が咲き始める
	末候	**菜虫蝶と化す**《なむしちょうとかす》	冬を過ごしたさなぎが羽化し、蝶に生まれ変わる

春分《しゅんぶん》 太陽が真東から昇り、真西に沈む。昼夜の長さが同じになる	初候	**雀《すずめ》始《はじ》めて巣《す》くう**	雀が枯草等を集め、巣を作り始める
	次候	**桜《さくら》始《はじ》めて開《ひら》く**	その春に初めて桜の花が咲く
	末候	**雷乃《かみなり》声《こえ》を発《はっ》す**	春雷が鳴り始める
清明《せいめい》 若葉萌え、花が咲き、生命が生き生きと輝く	初候	**玄鳥《つばめ》至《きた》る**	海を渡り、つばめが南からやってくる
	次候	**鴻雁《がん》北《きた》へかえる**	日が暖かくなり、雁が北へ帰っていく
	末候	**虹《にじ》始《はじ》めて見《あらわ》る**	春の雨上がり、空に初めて虹がかかる
穀雨《こくう》 穀物を潤す、ありがたい恵みの雨が降る	初候	**葭《あし》始《はじ》めて生《しょう》ず**	水辺の葦が、芽を吹き始める
	次候	**霜《しも》止《や》んで苗《なえ》出《い》ず**	霜のおおいがとれ、健やかに苗が育つ
	末候	**牡丹《ぼたん》華《はな》さく**	牡丹の花が咲き出す

夏

二十四節気《にじゅうしせっき》	七十二候《しちじゅうにこう》		
立夏《りっか》 しだいに夏めいてくる、気持ちの良い五月晴れ	初候	**蛙《かえる》始《はじ》めて鳴《な》く**	野原や田んぼで蛙が鳴き始める
	次候	**蚯蚓《みみず》出《い》ずる**	みみずが土の中から出てくる
	末候	**竹笋《たけのこ》生《しょう》ず**	たけのこが出てくる
小満《しょうまん》 生命がしだいに満ち満ちていく。日を浴びて全てが輝く	初候	**蚕《かいこ》起《お》きて桑《くわ》を食《く》う**	蚕が桑の葉をいっぱい食べて育つ
	次候	**紅花《べにばな》栄《さか》う**	紅花が一面に咲く
	末候	**麦秋《ばくしゅう》至《いた》る**	麦が熟して収穫される
芒種《ぼうしゅ》 稲や麦などチクチクする穂の出る植物の種を蒔く	初候	**蟷螂《かまきり》生《しょう》ず**	かまきりが生まれる
	次候	**腐草《ふそう》蛍《ほたる》と為《な》る**	蛍が明かりをともし、飛び交う
	末候	**梅子《うめのみ》黄《き》なり**	梅の実が熟して色づく。季節は梅雨へ

夏至《げし》 一年で最も日が長く、夜が短い。暑さが増していく	初候	**乃東枯る**《なつかれくさかれる》	うつぼぐさの花穂が黒ずんで枯れたように見える
	次候	**菖蒲華さく**《あやめはなさく》	あやめの花が咲く
	末候	**半夏生ず**《はんげしょうず》	半夏（からすびしゃく）が生え始める
小暑《しょうしょ》 梅雨が明けて、本格的な夏に向かう	初候	**温風至る**《おんぷういたる》	夏の風が熱気を運んでくる
	次候	**蓮始めて開く**《はすはじめてひらく》	蓮の花が咲き始める
	末候	**鷹乃学を習う**《たかわざをならう》	鷹のひなが、飛び方を覚える
大暑《たいしょ》 最も暑い真夏	初候	**桐始めて花を結ぶ**《きりはじめてはなをむすぶ》	桐が梢高く実を結び始める
	次候	**土潤いて溽し暑し**《つちうるおいてむしあつし》	むわっとした熱気がまとわりつき蒸し暑い
	末候	**大雨時行る**《たいうときどきふる》	夏の雨が時に激しく降る

秋

二十四節気《にじゅうしせっき》	七《しち》十《じゅう》二《に》候《こう》		
立秋《りっしゅう》 初めて秋の気配がほの見える。まだまだ残暑は続く	初候	**涼風至る**《りょうふういたる》	涼しい風が立つ。秋の気配の始まり
	次候	**寒蝉鳴く**《ひぐらしなく》	カナカナ…とひぐらしが鳴く
	末候	**蒙霧升降す**《のうむしょうこうす》	深い霧がたちこめる
処暑《しょしょ》 暑さが少しやわらぐ。秋の気配が漂い出す	初候	**綿柎開く**《わたのはなしべひらく》	綿の実を包むガクが開く
	次候	**天地始めて粛し**《てんちはじめてさむし》	夏の気が落ち着き、暑さが収まり始める
	末候	**禾乃登る**《こくものみのる》	田に稲が実り穂をたらす。禾は稲や栗などの穀物
白露《はくろ》 大気が冷えてきて、そろそろ道端の草に露を結ぶ	初候	**草露白し**《くさのつゆしろし》	草に降りた露が白く光って見える。朝夕涼しくなる
	次候	**鶺鴒鳴く**《せきれいなく》	鶺鴒が鳴き始める
	末候	**玄鳥去る**《つばめさる》	つばめが南に帰る

秋分《しゅうぶん》 春分と同じく昼夜の長さが同じになる。しだいに秋が深まる	初候	**雷乃声《かみなりこえ》を収《おさ》む**	夕立に雷が鳴らなくなる。入道雲から鰯雲へ
	次候	**蟄虫戸《すごもりのむしと》を坏《とざ》す**	虫が隠れて戸をふさぐ。土の中へ巣ごもりの支度
	末候	**水《みず》始《はじ》めて涸《か》る**	田から水を抜き、稲刈りに取りかかる
寒露《かんろ》 空気が澄み、夜空にさえざえと月が明るむ	初候	**鴻雁《がん》来《きた》る**	雁が北から渡ってくる
	次候	**菊花《きっか》開《ひら》く**	菊の花が咲き始める
	末候	**蟋蟀《きりぎりす》戸《と》に在《あ》り**	キリギリスが戸口で鳴く
霜降《そうこう》 朝夕冷え込み、霜が降りる	初候	**霜《しも》始《はじ》めて降《ふ》る**	霜が初めて降りる
	次候	**霎時《しぐれときどき》施《ほどこ》す**	時雨が降るようになる
	末候	**楓蔦《もみじつた》黄《き》なり**	紅葉や蔦が色づく

冬

二十四節気《にじゅうしせっき》	七十二候《しちじゅうにこう》		
立冬《りっとう》 冬の気配がそこかしこに。冷たい風が吹く	初候	**山茶《つばき》始《はじ》めて開《ひら》く**	山茶花の花が咲き始める。（ツバキ科の山茶花）
	次候	**地《ち》始《はじ》めて凍《こお》る**	地が凍り始める。霜が降り、氷が張る
	末候	**金盞《きんせん》香《こうば》し**	水仙の花が咲き、かぐわしい香りが漂う
小雪《しょうせつ》 寒さが進み、所によってはそろそろ雪が降り始める	初候	**虹《にじ》蔵《かく》れて見《み》えず**	虹を見かけることが少なくなる
	次候	**朔風《さくふう》葉《は》を払《はら》う**	冷たい北風が木々の葉を払い落とす
	末候	**橘《たちばな》始《はじ》めて黄《き》なり**	橘の実がだんだん黄色くなってくる
大雪《たいせつ》 いよいよ本格的に雪が降り出す	初候	**閉塞《そらさむ》く冬《ふゆ》と成《な》る**	冬の雲が天地の陽気を塞ぎ、真冬が訪れる
	次候	**熊《くま》穴《あな》に蟄《こも》る**	熊が穴に入って冬ごもりする
	末候	**鱖魚《さけ》群《むら》がる**	鮭が群れなして川をさかのぼる

冬至《とうじ》 一年で最も昼が短く、夜が長い。これから日が延びていく	初候	**乃東《なつかれくさ》生《しょう》ず**	うつぼぐさの芽が出てくる
	次候	**麋角《しかのつの》解《お》つる**	大鹿の角が抜け落ちて生え変わる
	末候	**雪下《せつか》麦《むぎ》を出《い》だす**	降り積もる雪の下で麦が芽を出す
小寒《しょうかん》 寒さが極まる少し手前。寒の入り	初候	**芹《せり》乃栄《さか》う**	芹がすくすくと群れ生えてくる
	次候	**水泉《すいせん》動《うご》く**	地中で凍っていた泉が動き始める
	末候	**雉《きじ》始《はじ》めて雊《な》く**	オスの雉がメスに求愛して鳴く
大寒《だいかん》 一年で最も寒さが厳しい。しだいに日が長くなり春へ向かう	初候	**款冬《ふきのとう》華《はな》さく**	蕗の花が咲き始める
	次候	**水沢《みずさわ》腹《あつ》く堅《かた》し**	沢の水が凍り、厚く張り詰める
	末候	**鶏《にわとり》始《はじ》めて乳《にゅう》す**	鶏が卵を産み始める

〔雑《ざっ》 節《せつ》〕

節分《せつぶん》	立春の前日
彼岸《ひがん》	春分の日、秋分の日を中日としてそれぞれの前後三日間
社日《しゃにち》	春分、秋分にもっとも近い戊の日
八十八夜《はちじゅうはちや》	立春から数えて八十八日目
入梅《にゅうばい》	立春から数えて百三十五日目。暦の上での梅雨入り
半夏生《はんげしょう》	夏至から数えて十一～十二日目
二百十日《にひゃくとおか》	立春から数えて二百十日目。暴風雨に注意
二百二十日《にひゃくはつか》	立春から数えて二百二十日目。暴風雨に注意
土用《どよう》	立春、立夏、立秋、立冬の前日までの十八日間
その他	初午・上巳の節句・端午の節句・七夕・盆・小正月・大祓い

令和3年（西暦2021年） 本命星一覧表

生年	西暦	干支	本命星	年齢	生年	西暦	干支	本命星	年齢
大正11	1922	壬戌	六白	100	22	1947	丁亥	八白	75
12	1923	癸亥	五黄	99	23	1948	戊子	七赤	74
13	1924	甲子	四緑	98	24	1949	己丑	六白	73
14	1925	乙丑	三碧	97	25	1950	庚寅	五黄	72
昭和元	1926	丙寅	二黒	96	26	1951	辛卯	四緑	71
2	1927	丁卯	一白	95	27	1952	壬辰	三碧	70
3	1928	戊辰	九紫	94	28	1953	癸巳	二黒	69
4	1929	己巳	八白	93	29	1954	甲午	一白	68
5	1930	庚午	七赤	92	30	1955	乙未	九紫	67
6	1931	辛未	六白	91	31	1956	丙申	八白	66
7	1932	壬申	五黄	90	32	1957	丁酉	七赤	65
8	1933	癸酉	四緑	89	33	1958	戊戌	六白	64
9	1934	甲戌	三碧	88	34	1959	己亥	五黄	63
10	1935	乙亥	二黒	87	35	1960	庚子	四緑	62
11	1936	丙子	一白	86	36	1961	辛丑	三碧	61
12	1937	丁丑	九紫	85	37	1962	壬寅	二黒	60
13	1938	戊寅	八白	84	38	1963	癸卯	一白	59
14	1939	己卯	七赤	83	39	1964	甲辰	九紫	58
15	1940	庚辰	六白	82	40	1965	乙巳	八白	57
16	1941	辛巳	五黄	81	41	1966	丙午	七赤	56
17	1942	壬午	四緑	80	42	1967	丁未	六白	55
18	1943	癸未	三碧	79	43	1968	戊申	五黄	54
19	1944	甲申	二黒	78	44	1969	己酉	四緑	53
20	1945	乙酉	一白	77	45	1970	庚戌	三碧	52
21	1946	丙戌	九紫	76	46	1971	辛亥	二黒	51

※年齢は数え年・大正15年は12月25日まで・昭和64年は1月7日まで
平成31年は4月30日まで。

生年	西暦	干支	本命星	年齢	生年	西暦	干支	本命星	年齢
47	1972	壬子	一白	50	9	1997	丁丑	三碧	25
48	1973	癸丑	九紫	49	10	1998	戊寅	二黒	24
49	1974	甲寅	八白	48	11	1999	己卯	一白	23
50	1975	乙卯	七赤	47	12	2000	庚辰	九紫	22
51	1976	丙辰	六白	46	13	2001	辛巳	八白	21
52	1977	丁巳	五黄	45	14	2002	壬午	七赤	20
53	1978	戊午	四緑	44	15	2003	癸未	六白	19
54	1979	己未	三碧	43	16	2004	甲申	五黄	18
55	1980	庚申	二黒	42	17	2005	乙酉	四緑	17
56	1981	辛酉	一白	41	18	2006	丙戌	三碧	16
57	1982	壬戌	九紫	40	19	2007	丁亥	二黒	15
58	1983	癸亥	八白	39	20	2008	戊子	一白	14
59	1984	甲子	七赤	38	21	2009	己丑	九紫	13
60	1985	乙丑	六白	37	22	2010	庚寅	八白	12
61	1986	丙寅	五黄	36	23	2011	辛卯	七赤	11
62	1987	丁卯	四緑	35	24	2012	壬辰	六白	10
63	1988	戊辰	三碧	34	25	2013	癸巳	五黄	9
平成元	1989	己巳	二黒	33	26	2014	甲午	四緑	8
2	1990	庚午	一白	32	27	2015	乙未	三碧	7
3	1991	辛未	九紫	31	28	2016	丙申	二黒	6
4	1992	壬申	八白	30	29	2017	丁酉	一白	5
5	1993	癸酉	七赤	29	30	2018	戊戌	九紫	4
6	1994	甲戌	六白	28	令和元	2019	己亥	八白	3
7	1995	乙亥	五黄	27	2	2020	庚子	七赤	2
8	1996	丙子	四緑	26	3	2021	辛丑	六白	1

※一年の期間は当年の立春から翌年の節分まで。

あとがき

この本の執筆を始めて約一年が経とうとしています。令和二年一月頃より新型コロナウイルスが全世界の人々を攻撃し始めておりました。私も、思いがけない制約を受け本の出版を半ば諦め、編集作業は休業状態でした。そんな私に、松田統聖先生は「本は進んでいる？」「題名は決まった？」と時々お声がけをしてくださいました。

そのおかげで、どうにか出版にこぎつけることが出来ました。私は松田統聖先生に、気学の基本から教わりました。

ここで、私を気学の世界に導いて下さった、師と仰ぐ松田統聖先生について、お話しさせて頂きたいと思います。先生は若くして哲学を志し、西洋実存思想の研究から始まり、中国の荘子の研究で修士の学位を得たあと、博士課程で朝鮮の李王朝時代の儒教について研究なさっていました。その後、筑波大学で教鞭をとるようになりました。その間、客員研究員として韓国へ招聘され、易の太極論の研究をなさいました。帰国後、再び、大学で教鞭をとっておられましたが、暫くして、大学での研究生活に疑問を抱き、本格的に気学の研究に入られました。

二十数年前に、私が先生にはじめてお会いした頃は、現代気学の確立者である園田真次郎氏の問題点について盛んに論説を執筆なさっていた頃でした。その後、先生は気学の視点から西田幾多郎の『善の研究』にまで関心を深められ、現在も幅広い視野から活動をなさっていらっしゃいます。

ここで、先生の言葉をいくつかご紹介したいと思います。

○四季を彩なす森羅万象とは、生々の気のこと
○気学にとって、気とは生々の気のこと
○生々の気とは、易の太極、気学の五黄土星のこと
○人間にとって、生々の気とは実存のこと
○意識にとって、生々の気とは純粋経験のこと

これらの言葉には、自然の森羅万象への畏敬の念と私たちのかけがえのない命への深い洞察を見ることが出来ます。

私自身、これからも四季の移ろいに敏感で、自然の気配のなかに、人生の生きがいを感じつつ、生きて行きたいと思っております。

最後に、本書の出版にあたり、励ましやアドバイスをして頂いた松田統聖先生及びその御著書の中から種々引用させて頂いた方々、すてきな挿画を描いて花を添えてくださった二科会会友の佐藤ユリ様に厚く御礼申し上げます。

また、的を射たご助言と丁寧な編集をして下さった風詠社の大杉剛氏に心からの感謝を申し上げます。

令和三年　晴れた冬の日に

伊藤聖優雨

伊藤聖優雨（いとう・せいゆう）

明治大学　文学部　日本文学科卒業
高校時の恩師に乞われ塾講師を勤める。生け花、箏、地歌の三絃、謡、仕舞を習得。結婚、育児を経て社会活動を再開。日本橋女学館（現開智国際大学）で経営学を学び、調理師免許、旅程管理主任者資格を取得し従事する。縁あって松田統聖先生にめぐり逢い、師事する。

気学をはじめ、広く運命学を研究。気学鑑定士。

気学サークル「風の会」を主宰。

著書に『実践する気学』松田統聖共著（東洋書院、2018年）。

現在、聖法氣學會会長。

気学 千夜一夜

2021年2月11日　第1刷発行

著　者　伊藤聖優雨
発行人　大杉　剛
発行所　株式会社 風詠社
〒553-0001 大阪市福島区海老江 5-2-2
大拓ビル 5 - 7 階
℡ 06（6136）8657　https://fueisha.com/
発売元　株式会社 星雲社
（共同出版社・流通責任出版社）
〒112-0005 東京都文京区水道 1-3-30
℡ 03（3868）3275
印刷・製本　シナノ印刷株式会社

ISBN978-4-434-28580-6 C0011